清末民初文獻叢刊

丁亥入都紀程

[清] 黎庶昌 撰

朝華出版社
BLOSSOM PRESS

圖書在版編目（CIP）數據

丁亥入都紀程 / (清) 黎庶昌撰. -- 北京 : 朝華出版社, 2019.1

(清末民初文獻叢刊)

ISBN 978-7-5054-4348-8

Ⅰ. ①丁… Ⅱ. ①黎… Ⅲ. ①游記－中國－清代②歷史地理－中國－清代 Ⅳ. ①K928.9

中國版本圖書館CIP數據核字(2018)第240826號

丁亥入都紀程

作　　者　[清]黎庶昌

選題策劃　楊麗麗　尚論聰
責任編輯　劉小磊
特約編輯　秦錦霞
責任印制　張文東　陸競贏
封面設計　劉敬偉

出版發行　朝華出版社
社　　址　北京市西城區百萬莊大街24號　　郵政編碼　100037
訂購電話　（010）68996618　68996050
傳　　真　（010）88415258（發行部）
聯系版權　j yn@163.com
網　　址　http://zhcb.cipg.org.cn
印　　刷　藝堂印刷（天津）有限公司
經　　銷　全國新華書店
開　　本　880mm×1230mm　1/32　　字　　數　39千字
印　　張　5.5
版　　次　2019年1月第1版　2019年1月第1次印刷
裝　　別　精
書　　號　ISBN 978-7-5054-4348-8
定　　價　42.00元

出版前言

中國自一八四〇年鴉片戰爭以來，傳統的農業文明在西方的堅船利炮轟擊之下徹底被顛覆，有擔當的知識分子苦苦追尋，思索社會改革的途徑。從最初的『師夷長技以制夷』到『民主制度，天下之公理』（梁啓超語），他們發現要『强國富民』，首先要『開啓民智』，衹有民衆擁有了獨立思想和批判精神，國家纔能實現真正的强大。在此後一百年的時間裏（一八四〇—一九四九），思想者們從社會變革深入到國民性的改造，用每一部作品見證着中國近代化的遞變歷程。這是一個極其重要的時代，《清末民初文獻叢刊》正是收録了這一時期的作品，大部分書籍都是早期版本，有着極高的文獻研究價值。

清末的中國經歷了『三千年來未有之大變局』（李鴻章語），大清王朝面對西方列强的艦炮，表現得驚慌失措。尤其是鴉片戰爭，使『天朝帝國萬世長存的迷信受到了致命的打擊，野蠻的、閉關自守的、與文明世界隔絶的狀態被打破了』（《馬克思恩格斯選集》）。一批士大夫知識分子，尤其是在歐美諸國擔任使臣或者游歷的知識分子最先覺醒，着眼于對西方國家的考察，進而反省本國政治制度的劣勢，可以視作『啓蒙』的端倪。如曾擔任駐英公使（兼任駐法公使）的郭嵩燾在《使西紀程》中以日記的形式記録了自己對歐西諸國的觀感，他在考察了英國的政治制度之後，發現英國政府官員收入超過三百磅者與普通老百姓一樣同等納税，他説：『此法誠善，然非民主之國，則勢有所不行。西洋所以享國長久，君民兼主國政故也。』他明確提出了『民主』，在國家的管理問題上，人民也有參與的權利。他在該書中所披露的西方政治、經濟、文化等領域優于大清帝國這一事實觸動了保守派的神經，立刻遭到保守派群起而攻之，進士何金壽彈劾他『有二心于英國，欲中國臣事之』，他家鄉湖南的民衆對他更是痛加詆毁，以至于滿城揭帖，誣蔑他『溝通洋人』，在這種群情洶洶的情况下，朝廷最後下旨將《使西紀程》毁版，從而使該書成了禁書。然而，書雖被毁版，却不能堵死民衆的傳播與閱讀的途徑，上海的《萬國公報》依舊連載該書，張佩綸曾説：『朝廷禁其書，而新聞紙接續刊刻，中外傳播如故也。』從某種意義上來説，啓蒙是時代的需要，盡管清政府發諭旨禁了該書，民衆乃至一些朝廷大員却依舊在私下閲讀，以便瞭解外部的世界。進步的社會是開放性的，任何企圖『閉關鎖國』的努力都意味着歷史的倒退，衹有開放，與整個世界文明保持同等的步伐，纔能實現真正的强國之夢。當大批知識分子走出閉鎖的國門，親歷了文明的洗禮之後，也就把啓蒙的智識帶回了中華大地。容閎的《西學東漸記》，梁啓超的《新大陸游記》，崔國因的《出使美日秘日記》等一大批作品介紹了海外諸國的政治、經濟、軍事、外交、文化。雖然這些作品在認識上仍然帶有時代的局限性，然而却是那時最爲珍貴的聲音。

另一方面，在學術上，中國文化母體内『經世致用』思想與資産階級思想相結合，也唤起了變革，以康有爲、梁啓超爲首的改良派試圖通過自上而下的革新以實現變革。康有爲的《新學僞經考》《孔子改制考》就是借經學之表論資産階級學説之裏的著作，康有爲的弟子梁啓超更是通過《新民説》一書提出國民性改造。與早期啓蒙者『師夷長技』的器物文明引進不同，梁啓超上升到形而上的精神領域，從文化心理上更加徹底地進行變革。梁氏是清朝末年到民國初年一個橋梁式的人物，被譽爲『輿論之驕子，天縱之文豪』，其影響力不但在學術領域，同時還在文學領域，他所倡導的『詩界革命』得到了譚嗣同、黄遵憲、丘逢甲等人的響應，黄遵憲的《日本雜事詩》，丘逢甲的《嶺雲海日樓詩鈔》都體現了這種主張。這一主張要求反映新的時代和新的思想，用『我手寫我口』（黄遵憲語）的方式直抒胸臆，對長期占詩壇主流的擬古主義、形式主義産生了巨大的衝擊，解放了寫作者的心靈和頭腦。

與社會變革同步的是早期對西方思想著作的翻譯，這裏面影響最大的是嚴復，他翻譯的《天演論》《社會通詮》等書直接孕育了民國一代的知識階層。魯迅、胡適等人在文章中都曾提到《天演論》對他們思想所産生的震撼。與嚴復略有不同的另一位翻譯家是林紓，他的譯作雖然參差不齊，但却在更細膩的心靈層次對讀者産生影響，許壽裳曾回憶，他和魯迅都熱衷于林譯的小説，如《巴黎茶花女遺事》《黑奴籲天録》《迦茵小傳》等作品。

辛亥革命之後，進步社會思潮成爲主流，比之清末思想啓蒙者『求存』的追求，民國以來的知識階層深入到了更加細微的肌理，一方面呼唤社會變革，另一方面進行點滴的建設，革命并不能使所有的一切一蹴而就，在更加深廣的領域，事物的改變是由微觀而宏觀。通俗地説，比之于革命，建設的意義更大。如《中國商業史》《中國教育史》《中國倫理學史》《中國哲學史大綱》《中國小説史略》等一大批作品都是進行系統的梳理與建設的理論作品。其中，以胡適和魯迅二人的影響最大，他們的作品一紙風靡，從而成爲新文化運動的主力人物。

《清末民初文獻叢刊》收録的文獻大致上可以分爲三個階段，其中龔自珍、張之洞、魏源、郭嵩燾、薛福成等人的作品可視爲『早期啓蒙』，康有爲、梁啓超、黄遵憲、嚴復、林紓等人的作品可視爲『中期啓蒙』，胡適、魯迅、蔡元培等人的作品可視爲『晚期啓蒙』。當然，這種劃分并非嚴格意義上的，大部分啓蒙思想者隨着時代的變化，其思想在不斷進步。縱觀整個近現代史，可以發現，要求變革不是在某一個領域，由某一類人發起和完成的，而是全社會的要求。變革，已經成爲全社會的共識。

從清末民初的文獻中，我們能够發現一種豐富性。這些作品涉及政治、經濟、軍事、教育、外交、宗教、心理、情感等方方面面，從内而外地净化着中國兩千年以來的封建積習。它不祇是對社會的改造，更是對人心靈的重塑；它首重國家社會之建設，同時亦重靈魂心智之喚醒；它是宏大的，也是微觀的；它是嚴肅莊重的，也是活潑靈動的；這些作品結構精巧，思想内容深刻，擁有濃厚的人文主義色彩，對推動社會主義建設，實現中國夢有重大意義，是近現代中國一百年來最宏富的智識與情感的寶藏。因此，整理這些文獻作品，無論是出于資料保存的目的，還是爲圖書館提供資料副本，都有不可估量的意義。

特定時代下的文獻，當它一旦形成（既指草擬，創作的完成，也指其成爲一個載體），就不可再複製了，也就意味着它將面對消亡。對于文獻資料而言，越接近歷史事件發生的時代記録，越具有研究價值。文獻本身具有不可再生性，它衹會消亡，而不會增多。盡管文獻本身的文字可以保留下來，并進行傳播，却失去了當時的時代氣息。當時的作品可能在技巧上，文字的成熟度上不及當代，但它所負載的信息，創作者的情感都反映了當時的歷史，也就是説，它具有不可替代的歷史意義。

影印的版本有三個特點，第一是擁有文獻的『原始性』；第二個特點是『未經改動的』；第三個特點是『歷史的原貌』。所謂『原始性』，也就是説，它是第一手資料，而非轉述的，回憶形成的；『未經改動的』，是指未被篡改、删節、挖補的；『歷史的原貌』是指在影印製作過程中，完全依照文獻的原來模樣……這樣製作出版的作品，無异延續了文獻的壽命。

近現代思想史上的一個最重大的思潮就是『開放』，從林則徐的『開眼看世界』到蔡元培的『兼容并包』，都是在倡導一種開放式的胸襟。而《清末民初文獻叢刊》最有魅力的部分就是『開放』這一主題，衹有融入到世界文明發展的進程中，中華文明纔能歷久彌新。

《清末民初文獻叢刊》編委會

二〇一七年四月十四日

凡例

一、《清末民初文獻叢刊》（以下簡稱『叢刊』）爲影印本，舉凡所用之底本，均爲該書之早期版本。有清末刊本，亦有民國印本。

二、《叢刊》均依底本影印，未予刪改，僅代表作者個人觀點，不代表官方立場；原刊本有誤，不予校改，以保留文獻之原貌。

三、《叢刊》所用之底本，因時日久遠存在漫漶的情況，均進行了修復；底本闕文、印刷不清，均保留原貌。

四、爲讀者閱讀之便，《叢刊》中之舊底本目録未標記頁碼者，編了目次；原底本有頁碼和目録，未予重複編目。

五、爲保持文獻的原始風貌，影印本保留了原書書影（原書爲多册，則保留第一册書影）、扉頁等信息。所用底本無相應信息者，則不予妄添，以免錯訛。

目録

丁亥入都紀程

光緒甲午秋日
刊于川東道署

丁亥入都紀程卷上

遵義　黎庶昌　蒓齋

光緒十三年丁亥三月廿六日余服闋入都銷差擬由蜀道行走連日內外親友送行者紛集酬應頗忙是日巳刻挈同蕭君雲庵瓊爲余經理細務自家啓行十五里上張飛隴劉敬亭漢英孝廉携酒至此餞送飲數杯而別過賈家堨磊石溪十五里團澤口宿其店即熊子清渭拔貢家延余晚飯子清蓋咸豐中與余同時應小試者回首三十餘年矣先一日接潘中丞霨檄二月二十二日已將余啓程日期附片具奏并鈔稿行知是日晴

三月二十七日行十里過桅杆坪十里高梘尖十里下撒袋坎至石厚場十五里過落埜垻至轉龍場五里唐家店十二里過沙杉垻至永安莊覲楊應龍別業舊址址在山勢將盡處後負巨嶺俗名大槓雄而不秀相傳殿宇七重大門石階數級猶存鏤刻精致沙杉垻俗名沙村垻與永安相連而沙村尤長濶平疇彌望小溪流注其間岸均不高水靜沙明時有垂楊掩映近永安莊一帶往往置小輪水碓依倚路旁參差起落風景絕佳八里板橋宿至此與入遵義府城大路合鎮外兩水來會一出槲栗垻即經永安沙村河之上流洪江正源也一出婁山關山南洪江別源也是日晴

三月二十八日行由板橋西頭轉北入峽十里白石口五里黑神廟五里婁山關五里南溪口尖五里紅花園五里大木林十里桐梓縣城外宿婁山卽漢志之不狠山山極高大羣峯峭岃連延不斷横亙數十百里皆婁山也實不能指屬何峯自黑神廟上至關門非甚陡峻惟立關門下瞰則深壑中綫路如蛇陰森可畏楊應龍倚爲郡北第一險要不虛也將至桐梓平原十餘里皆種罌粟其花正繁居民不知栽麥爲何事卽此見人心陷溺之深飯後入城一游過趙曉峯旭學博故宅盡成廢地聞其子因鬧葫蘆洞事在郡羈押葫蘆洞距縣城西可二十里城外四圍皆山水無出路專恃此洞消

納而洞口狹隘不能容一遇大雨則水溢爲患平地成爲澤國民病苦之前歲縣令魏裕民學恒議抽釐金將洞開使深通用意不惡耗金數萬洞口反坍下淤塞水患益甚爲衆所控以故上游欲窮究事實也有昭忠祠授徒陳生言道光時縣人溫氏曾開此洞欲穿堅石而過因費重未能有成此次魏君及經手諸人避險從沙土鬆處穿入故有此失余欲親往一觀利弊惜時迫不果是日晴夜大雷雨至天明未息

三月二十九日冒雨而行二里過麻柳灣十三里原田垻正道應由此過河西岸今因水漲循東岸而行泥濘不堪十里楚米坡宿楚米坡俗訛作炒米鋪坡下有河即桐梓河上流

源出乾溝古之溱溪也溱溪里以此得名雨後暴漲迅流渾
濁低處已與田平再雨則泛溢爲害矣葫蘆一洞豈竟無開
鑿之日乎是日陰雨
四月初一日行出門即上楚米坡五里鵶鵲窩五里祖師觀
五里石牛闌尖五里悶頭箐十里三坡十里新站街市頗整
齊十二里蒙渡宿從前舊路由悶頭箐下山入小溪中行走
崎嶇難涉黔撫林中丞肇元於同治八年臬司任內創收路
釐自楚米坡修至綦江之觀音橋凡二百數十里又由悶頭
箐別開新道抵三坡悉成坦途耗金二萬八千四百有奇同
治十一年畢工建亭悶頭箐刻石紀事亭頗宏麗曾中丞璧

光額日鷺鶿鳥亭三坡之西有河流出至蒙渡別一水來會爲松坎上流蒙渡相傳爲漢唐蒙渡處故名今之業渡者遂皆以蒙爲氏因思武帝以前西南夷雖未與漢相通然夷人之自居其國凡聚落所在亦必有徑路往來唐蒙之通道計當因而闢之耳非必塹山堙谷盡行鑿空桐梓本漢時鄨縣地疑今由綦江入桐梓之路卽蒙所通之一道後世雖小有變易山川險塞固未改也住店後有同行貴筑人柴作舟來見柴君號星甫新科趙以烱榜進士四川卽用知縣是日陰侵晨山頂高處尚見雪氣候頗寒

四月初二日行出門卽過渡越三巨嶺二十里七寸溪尖十

五里涼風丫五里雄磺寺路旁有黃葛樹二株樹不甚大而根盤石上丈許糾結如瓜絡古致可玩五里打稿鋪八里松坎宿河至此可行舟舟皆輭板上不施篷坐船者但將輿轎平置舟中若過渡然繩挽而行輿夫至此必僱舟請由水路較起旱至綦江一百八十里可省一站然河隘灘多水大水小俱屬難行惟平水差可一從耳是日晴

四月初三日行沿爬抓溪上山二十里酒店丫尖山勢漸次開展十一里界碑入綦江縣四里羊角腦十里下至觀音橋宿沿途桐樹極多桐梓縣之名義當取此余自咸豐庚申及同治丁卯兩至重慶出峽皆由松坎坐船此次河水新漲兼

聞數日前有趁船失事者故改由陸路飯後步至橋邊橋下十許丈俗名女兒塘兩岸亂石歷落中有一漕如鑿成寬四五尺水注其中具有渟泫之致若移置園亭天然佳趣也是日晴

四月初四日行上山八里九盤子七里大水溝十里太公鋪尖謝姓店頗寬敞卓橙亦新潔沿途客舍推此為最十里趕水距鎮數里有鐵冶四所由趕水坐船二十里蛇皮灘登岸旱路亦二十里十里鎮子宿分路可至瀘州綦境人家多習養蠶屋角牆頭時有桑陰點綴途中青棡樹林極多詢之土人始知往時山蠶頗盛絲皆集於扶歡垻東溪兩鎮重慶及河南商賈住該鎮收

買特綦産爲大宗即遵義正安亦有至此販運者近兩歲遭
値荒旱此業遂衰亦有留供薪炭之用不願放蠶者謂蠶食
則樹本易枯因悟吾鄉中坪一帶橡林近年氣象蕭條正坐
此病蓋地氣有時而盡也扶歡壩或作胡歡壩俗訛爲胡光
壩飯後柴星甫來一談將分路往瀘州是日晴
四月初五日冒雷雨行上山二十里分水嶺尖十五里柑子
丫五里魚鬫河十里馬口丫八里兩路口十五里下至橋壩
河路始平八里沱灣宿綦岸鹽局在此各商號運鹽皆由沱
灣用船挽載而上將及趕水有界石洞阻隔又起剝挽至松
坎止趙二珊廷璜邀至鹽局晚飯且留住一日二珊新膺卓

巽之薦聞之色喜是日途中見兩巨石上各鑿一洞正方二尺許深可七八尺中廣可四尺空洞無物古之石槨也前門已不存爲此者可謂好奇是日陰

四月初六日往散步入城一游城不甚大跨山臨河形勢頗秀自沱灣起至北門大街一條約長三里許屋宇整齊縣署尤得地勢飯後至鹽局二珊邀登局後小園久坐暢談余向謂州縣不可不做亦不宜久做二珊亦持此論故其退志甚決飯罷二珊偕同局張致和肇熙至余寓送行張君清鎮人曉瞻中丞日㝡曾孫四川候補知縣余託二珊訪平越王犀川士俊制軍及遵義華櫂塢聯輝太守事蹟二珊言王公之

爲政亦從吏治民生上講求非盡刻覈務名者曾見其自書年譜一册不知尚存否檉塢功在鹽法志在濟世近代奇才當手記之是日晴

四月初七日行由東門過河十五里沙河子十五里浩房尖十里分水嶺十八里破石岡十二里龍岡宿是日晴

四月初八日行十五里烟坡十里石角垻尖二十里雞鵝井山勢益明秀十五里界石街道頗長二十里鹿角場宿綦江以北黃葛樹極多大者蔭蓋七八丈偶與觀音寺僧談及種植之法據言種此樹極易其法於樹上伐取嫩枝斫去其顛留三四尺長將下半截樹皮捶破劈成四開而去其心擇空

曠見水之處將皮鋪於石上擁以稀泥稍乾即時時灌水俟其既活用大石四面圍砌成臺略培以土日久則根蟠石上若龍爪攫拏長可盈丈杜詩下有冬青林石上走長根移詠此物尤切當也種可不拘時節春夏更宜惟必須置之石上始易活入土則否初栽之年冬令雨雪須用物遮護蓋其性惡寒而親石也既發葉後每年二三月用刀橫斫樹身數處使之放漿更易長成巨蔭余取數枝寄家依法試之是日陰晴

四月初九日行十里三百梯十里老場尖十里黃葛丫十里下至海棠溪蹇子振詵親家已遣人相迎過江入重慶住江

巴鹽釐局即子振寓也是日晴
四月初十日住子振設席款讌是日晴
四月十一日住作書寄家與子振商丁文誠公寶楨貴陽專祠事子振謂文誠沒後人情向背迴然不同此時捐集之說大非易事況爲數甚巨文誠在時本有公費銀數萬金存局并未取用若將此款提撥五千兩營建專祠未爲害義余見亦同因屬致書瀘州總局商之午後官商數人招飲座有歌妓蓮卿鳳仙饒色藝皆巴產也重慶富庶之區鹽莢所萃利亞兩淮古稱揚一益二洵非虛譽富商豪賈日費千金若輩點綴其間事勢之常無足異者是日晴夜雷雨

四月十二日佳晚飯後與子振至夏介臣源寓一談介臣委合州釐局因養病在此又至李耀亭處遇貴筑高香舲培蘭大令得觀所收馬湘蘭蘭竹文衡山山水皆小品之極佳者

是日雨午後陰

四月十三日佳早拜客數處晤貴州轉運局徐彌廷逵邦觀察及重慶電報局委員阮實三恩年大令實三爲儀徵阮文達公元之孫曾在上海廣方言館頗識洋情午後友人招飲

是日高香舲來觀余所攜陸包山治花卉王麓臺原祁山水小幅子振盡發所藏出示一爲沈石田周山水人物卷長三丈許粗枝大葉生氣勃然未題昨夜燈前曾有約不辭風雨

過谿來有啓南白石翁二印一爲南田草衣惲格耕烟散人王翬合寫文湖州溪山小竹圖一爲宋石門旭山水卷長二丈許末題萬歷乙酉春日寫於天寧萬壽寺檇李石門宋旭有宋旭石門山人二印一爲程靑溪正揆山水卷長可三丈皴法類余所藏麓臺畫蒼老中韻秀逼人末題康熙六年丁未七月仿一峯老人筆靑溪有正揆橢圓印皆佳品又有鄒小山一桂楚黔山水小景册子畫穿石清浪灘辰溪馬鬌厓黃繞山天柱縣相見坡玉屛山石阡關索嶺飛雲岩雞公嶺幇洞鐵鎖橋白水河九里箐葛鏡橋東山黔靈山雪厓洞照壁山涵碧潭凡二十二幅各繫以詩册首有序小山以雍正

乙卯視學黔中至戊午期滿作楚黔十二景一册爲方伯雁門馮公携去嗣又留任三年壬戌還京乃追圖之得二十二幅序云即以山水論圖中所列可謂奇特但奇特如圖中者豈少哉不遇知己過而輙忘已爾在山水固無求亦無憾也然人不觀山水山水日起而觀人人之往來於黔者豈少哉是册也余將以之爲伯牙焉故題之曰山水觀我乾隆八年七月既望錫山鄒一桂書於獨樹軒末有張鵬翀詩一幅鄭子尹珍徵君詩一幅自來名人能畫罕有及黔景者實可寶貴按山陽李芝齡黔記云小山此册於道光三年爲阜海帆少京兆所得海帆觀余黔中記遂以贈余因全錄其册中詩

文以資考證是此乃山陽故物不知何時流落人間也今歸子振以黔畫而依黔人物亦得所冥冥中殆有護持之者是日晴夜月甚明

四月十四日住午後偕子振游五福宮城中最高處顧視江山環匯萬屋鱗櫛誠西南一大都會也前署巴縣令國璋新刻重慶府城圖街道極詳可資攷查官商復招飲食品之精且多爲生平所僅見余至此數日一過客耳便爲諸公牽率不休况官斯土講應酬者乎酒食徵逐古人所以深戒是日晴夜月甚明

四月十五日住徐黼廷招飲是日晴夜月甚明

四月十六日住檢料行裝余此次出門携帶衣箱書箱等物頗覺繁重若均走旱道路費不貲因改計令蕭雲庵同家人一名搭船挈以出峽再附輪船至天津余自由陸路行走較爲省節子振代假二百金作旅費林文忠則徐孫林安波壽鼎以文忠政書滇軺紀程荷戈紀程等見贈夏介臣過余送行叩以合州形勝據云釣魚山三面臨江上寬廣可四五十里有田千餘畝天然險塞也今城仍移建平地非宋之舊有余玠祠附祀冉璡冉璞及熊夫人是日晴

四月十七日住聞舍姪尹融初六啓程赴吉林之信是日侵晨大雷雨午正始止晚晴夜仍雨

四月十八日行出南紀門十五里上佛圖關有小城十五里撈糟鋪尖十里上橋十里二郎關十里白市驛宿巴縣古巴子國都秦置江州相傳其城張儀所築蜀漢李嚴因築大城即今重慶府城佛圖關二郎關皆後路險要明萬歷中奢崇明據重慶官軍奪佛圖二郎兩關進逼府城克之是也白市驛街道頗長巴縣縣丞住此余自撈糟鋪分路往游華巖寺寺距撈糟鋪十二里上橋六里華巖洞在寺對面四圍山不甚高環抱明秀頗似吾鄉禹門寺隔溪大山坪一帶竹樹幽翳道途平坦處處修潔有西洋之風寺門外石臺極平敞寺只四進其第一進塑四大金剛第二進正殿正中佛像一尊

旁列五百阿羅漢小像第三進方丈住室及說法處第四進
禪堂禪堂之東祖堂中有觀音十八羅漢等像又有聖可像
即康熙中開此山者牆後有塔院兩廊羣房甚多結構整嚴
裝飾亦精雅殊愜余意僧徒常住者百許人每年放戒一次
歲收租穀五百一十石僅足敷用寺僧正常導余觀畢延至
方丈後廳素齋言及禹門住持元圻曾住華巖二十餘年頗
有貲格寺有佛藏惜不完是日陰雨
四月十九日行二十里走馬岡尖十五里老關口入璧山縣
界十五里來鳳驛街道較白市尤長有行臺二十里丁家坳
二十里馬坊橋宿馬坊河下流合游溪入璧山後山勢益平

遠是日陰晴日中小雨
四月二十日行十五里小坎五里大坎十五里茶店十五里永川縣尖縣城半跨山咸豐庚申爲賊所破市肆尚未復元十五里響水洞十五里雙石橋上坡至黃葛樹宿雙石與馬坊皆木橋頗長上翼以屋爲場期賣物之所雙石河下流至合州入涪水早冒雨而行輿夫有怨者然農人則望澤孔殷川省連遭荒歉上年始獲豐稔今歲晴雨應時所過田畝栽插將徧似是有秋之象可喜也是日午後陰晴
四月二十一日冒雨行十五里太平鋪入大足界十五里郵亭鋪尖十五里石盤鋪永川大足榮昌三界地十五里峯高

場三十里榮昌縣城宿榮昌產夏布黑油紙扇生意頗盛故城中饒有承平景象此站路不平是日午後陰夜小雨

四月二十二日行出南門街道房屋俱整齊約里許坐小船十八里至檬子橋起旱河道通瀘州水甚平惟近橋一灘船從橋洞直下幾與轎摩稍險旱路二十里水路稍紆距橋七八里有煤廠所產多油煤聳馬駝載巨塊長者可三四尺二十里燒酒房尖此鎮本名安富場因燒酒作坊多俗呼云爾街長里餘整齊富麗百貨俱備出門來途中所見市鎮以此爲第一出一種土窰泥色微紅絕與宜興窰產相類茶壺茶椀一品鍋之屬宦場盛行其窰廠去場可十里十五里茅店子入隆昌

界十五里李實鎮十五里石院橋二十里隆昌城外宿入隆昌後婦女多赤足重慶電線自永川折南至瀘州又北至隆昌合大道上通成都蓋隆昌乃富順瀘州成都重慶四達之通衢也飯後步至縣門時城隍廟方賽會人衆往來如織隆橋河經流城下跨以石橋距橋數武有陂截之水橫絕而下如匹布然憑玩良久過第一店門首輿夫請入一觀上房頗深邃廳事上懸扁曰星使停雲對面有戲臺左右兩廊有樓裝飾華美所懸扁對甚多果稱第一之名余所寓鴻恩乃第二店規模同而裝飾遠遜是日陰晴

四月二十三日行二十里下馬鋪十五里迎祥街尖十七里

太平鋪十三里雙鳳驛入內江界十七里涼水井十五里椑木鎮由此坐船上水三十餘里內江縣宿旱路三十里內江城池街道與榮昌隆昌等而產白糖冰糖生意較盛蜜餞冬菜最有名富實亦過之號爲大縣椑木亦大鎮也船中有內江人盛稱前邑令羅君度之賢又稱丁文誠辦理積穀之善大鎮多者千石少亦數百石有功地方不小是日陰晚晴

四月二十四日行十五里壽溪橋十五里史家街十五里界碑入資州境五里銀山鎮尖鎮口崖壁上題刻甚多惜無暇觀二十里蓮池鋪十里過唐明渡河岸多浮沙已有北路之象十里資州城宿時方州試自內江出城數里距大道里餘

有叢林遠望甚葱蒨聖水寺也迂道往觀寺臨江岸將近寺垣有碑曰丈雪故里古栢數十株夾道森立寺甚宏敞殿宇四重第二重大院中鑿方池蓄水甚深跨以石橋第四重正面懸果勇侯楊芳書覺性心王扁殿後石崖斜入丈許泉水浸滴甃爲小池陰寒逼人聖水之名取此池旁有石四塊題曰聖水靈湫明嘉靖間所立又旁有小亭庋上題刻甚多東邊別院爲方丈再東爲大慈殿就石壁刻千手觀音高丈許寺中僧徒常七八十人每年放戒一次歲收租穀近三百石尙不敷用叩寺僧內江有無廣福般若二寺答以不聞廣福之名惟般若寺距此二十里乃丈雪所生處寺經築寨頗頹

毀有僧數人亦肉食矣獨陳孃孃爲丈雪所紝鞋尙存陳孃孃當是永歷妃嬪皈依丈雪者因託該僧訪吾宗策眉九十翁遺蹟翁諱懷智子二世祖懷仁之弟明亡從丈雪爲僧書節畧與之然則家譜所云終綦江廣福寺莫子偲友芝徵君黔詩紀略謂終內江廣福寺葬中江般若寺皆誤游聖水之際少不經意被輿夫胠篋竊去旅費銀八十兩半道脫逃抵資城始知之已追趕無及往讀張文端公英聰訓齋語引釋氏謂財貨爲五家公共之物其一盜賊余自歸家以來匪徒踰垣洞穴而入者四次幸未有失今竟不免斯言信然自後宜益加戒愼作書與蹇子振再假盤費是日晴

四月二十五日行二十里雙石鋪二十里金帶鋪尖入資陽縣界十三里石子嶺七里石橋鋪十七里五里店二十三里南津驛宿今驛在資陽城外此站里數甚長名爲百里實有百二十里蓋自金帶鋪以西皆無宿處必至此始有客舍也資州古之資中沱江經縣治南即古雒江亦名珠江州城跨山來勢夭矯極秀對岸三小峯若筆架平列州人更於其上各建一塔以爲文明之助城內有宋狀元趙公祠狀元宰相坊出城未遠又有宋湻熙宰相趙文定公墓道皆爲趙逵立也入資陽山益平遠是日霧雨助以北風甚寒路又不平行旅皆有淒苦之色

四月二十六日冒雨行二十里飛鴻鋪二十里過江資陽縣尖輿夫以雨甚難行余亦倦遂宿近資陽小溪中有水車製法與吾鄉同而用筒更省車笆長祗尺餘輕而靈活異時當告鄉人仿爲之入城大街數條皆繁盛俗以資字與州名混但稱陽縣是日午後陰偶閱店壁有女子藕紅題詩字跡亦秀頗具苦節惜不知姓氏恐其湮沒附錄其詩如後九十春光尋不見尋春又怕花相怨隨花步過小闌干且立花間唱團扇妾生腰似柳條柔妾自憐花花自羞欲把癡情向花語月明鸚鵡在前頭喜道貌如花花放枝頭春正賒人道花如妾妾心苦處花應泣不願白頭吟但慕董雙成趁此好春光

春光知妾心妾愁播弄花愁折折花風信催離別須信心歸人未歸此生之願何生畢日落兮花殘春歸兮少年吁嗟此心兮問青天序云妾永川農女也字藕紅幼居鄉塾側聞讀書聲甚好嘗問字於李小園老先生先生憐而教之粗識詩詞十五歲時父心欲擇富家獨子為壻遂適同里張興發之子張小五為妻家有二百餘租並無兄弟姊妹一生足食但翁壻均不識字次年姑亡娶吳繼姑惡毒異常翁因氣疾而逝家業盡為吳母捲去壻復好賭衣飾蕩然苦無良策適甘肅回亂勸夫投營若得功名尚可再興家業不料亂平之後壻久不歸人勸妾嫁妾以先之所適已非其天倘再另嫁是

與命相爭誓曰之死靡他吳母急欲得妾聘財逼迫太甚不得已漏夜出外乞食赴甘如能與壻相見則破鏡重圓三生再幸也若壻已死妾當立從地下矣路過此店感而題壁妾非路柳殘花賜和詩翁應憐節苦蔦莫戲言自貽妾罪諒之恕之光緒十一年九月二日藕紅愬

四月二十七日行二十里淸泉鋪二十里臨江寺尖入簡州界二十里楊家街二十里靑石鋪二十里簡州城宿州本蜀漢簡雍故治以此得名東門外有雍祠又有勝因塔俗名白塔塔凡十級高二十餘丈對江有金星閣並峙晨出資陽城始見平垻心目爲之一豁及靑石鋪以西則平原寬廣可數

里長二十里徧種甘蔗直接州城江水襟帶城外形勢殊勝入店與前署遵義縣張聚五正煃大令世兄大壎不期而會飯後出街小步街祇一條整齊與他縣同是日陰午後霽

四月二十八日行出城過木橋甚宏濶十五里石橋井街道里餘頗整齊十五里赤水鋪十五里石盤鋪尖十五里南山鋪十五里柳溝鋪十五里山泉鋪十五里龍泉驛宿此站依官塘祇七十里而途甚長每塘較他驛增多五里故輿夫作一百五里算也過石橋二三里道旁有鹽井鹽竈因一往觀井口不過中椀大用木筒嵌之高出井坎四五寸其汲水竹筒巨如茶杯空中而銳末有機關以爲啓閉其狀絕似篙竿

長可丈餘上接以竹如此者三節共長四五丈用徑寸竹篾緊繫筒旁接連百餘丈拖於井口絞車上牽及四五丈外別用圍圓三丈許巨車橫絞之欲汲則縱車令篾垂下放至十六七圍即徐徐絞出引竹上升出草棚頂三四丈別有竹籠罩之如魚笱然井旁承以小池絞至竹稍銳處撥機即水自噴出約可桶餘由竹筧引入竈房轉注鍋內其鍋均厚寸許徑四尺四鍋相連第一鍋先煎以次分濃淡遞入第四鍋則漸漸成鹽結於鍋沿每日約鏟兩次至四日可得鹽四五百斤大略如此自石盤鋪復踰大山一重問行人皆不知名當是古之長松山抵龍泉驛山盡過此皆平曠矣是日晴

四月二十九日行十里界碑入華陽界十里大麵鋪尖十八里牛市口場大人多三里過橋入成都寓玉沙街貴州會館館凡三院地頗寬展西院爲黔南公所東院爲尹王祠此祠光緒七年唐鄂生中丞炯辦理黔鹽邊岸時所建修竹千竿饒具水石之勝祀漢儒尹道眞珍明儒王文成守仁中丞有記丁文誠公撰聯云鑿西徼以遙通北海近守遠宗極晦時自分皂白遵鄒嶧而上溯尼山殊形同體講學家何用雌黃中丞生平宗法陽明故在貴陽修陽明祠成都會館又以王配尹余謂會館實應祀鄉先哲或祀宋儒冉璡冉璞稱尹冉祠或祀明儒孫文恭公應鼇稱尹孫祠似較尹王於義爲協

也入館後蹇氏姻親試用州同馮麗東元謨候補州吏目孫德軒秉懿前來照料一切晚同鄉數人及署成都縣許衛生堯文候補知縣劉一六善源來會許遣壯役二人聽差辭之

是日晴

四月三十日往灌縣省先曾祖梅溪公墓行循城而西過武擔山山在城內北校場前成都縣署後廣僅數畝高七丈許一名武都山今俗稱五臺山蜀紀五都女子爲蜀王開明妃不習水土而死遣五丁於武都山擔土爲冢處也漢昭烈帝即位於武擔山之南即此經小北街入滿城出清遠門即大西門二十五里犀浦入郫縣界秦李冰穿石犀溪於江南名

犀牛里疑即此一帶二十五里郫縣城尖東門外有西漢丞相汜鄉侯何公武墓道碑十七里永興場俗名兩路口宿是日陰夜雨

閏四月初一日行三里安德鋪八里竹瓦鋪有丁宫保功德祠十里崇義鋪入灌縣界尖十三里聚源場俗名新場過盤龍橋三里過羊子橋橋側有漢中郎將文園令司馬相如墓道碑墓實在離縣十二里之劉海垻又十四里過橋入灌縣城宿此兩站共一百里因其路平而長輿夫皆作爲百二十里東門外有關鳳樓及文翁祠城内外長街一條可三里爲通茂州松潘孔道往時藥材布匹皮貨生意繁盛夜中如市

故俗有小城都之稱城在玉壘山麓志云縣西北十里有靈巖山中峰峻聳左右微低如壘字狀石上鐫玉壘龍津四字右列青城左繞天彭諸山爲省會發脈之地常璩曰以玉壘爲城廓左思曰包玉壘而爲宇郭璞曰玉壘作東別之標其信然矣山之高大與吾鄉金鼎山仿佛靈巖夜有燈火或遠或近金鼎亦如之可見山之高大而靈者皆如此不足異也青城山距縣尚五十里晚有貿易同鄉數人來見詢問先曾祖梅溪公墓在城北門外竹林寺後官山當時吾祖授徒鹽商曾氏灌人尚有能言者近以舍間代有科名遂羣推爲發墳豈知先祖長山公省墓時初次欲遷無力繼以年代久遠

不敢輕動蓋人子慎重之至非有風水之見存乎胸中也是

日晴

閏月初二日佳巳刻具酒饌往掃梅溪公墓同鄉平遠垻人楊度爲導出北門里許即竹林寺又過一乾溪即官山俗名新亂墳見有石桅雙立者吾祖墓在焉近前審視墓之前後左右叢葬皆滿無一隙地行禮陳饌均在他人墳上他人之拜掃者亦須履吾祖墳上以繩度之幾至棺與棺相摩直無法可以禁止正面有碑乾隆四十八年癸卯秋長山公初次省墓所立字漸剝落額題艮山坤向墓左側一碑嘉慶二十三年戊寅中和月長山公第二次省墓所立其叙云先府君

諱正訓字會友號梅溪黔之遵義人四十二歲游學西蜀四十六歲殂謝灌縣子三人孫男三人孫女六人某自乾隆四十八年來川修墓後迄今又三十六年卒次孫某復修塋蔭某謹誌之碑右嘉慶以後之人來川至咸豐末年從兄兆祺從姪汝勤光緒七年胞姪尹融復來省墓至是凡六次墓之後脈由玉壘山左幹拖下其右幹則由西蜿蜒而來南結縣城墓向正對二王廟後山頗似盔蓋形城跨其半左一峯即文廟後山東面皆平地事畢入城至貴州會館一坐館頗寬敞往游二王廟出西城玉壘關循河街西行廟在山麓層級而上雄壯華麗殿前有紫薇二株高丈餘廟僧編結如掌扇

對立廟以二郎居正殿而蜀守李冰反居後殿殊覺位次未倫同治中成都將軍崇實署總督別建殿於伏龍觀改易位次是也有記甚當山下有丁公祠供文誠長生祿位塑像頗肖今易額曰賢良祠再西則竹索橋長百餘丈又西爲都江堰江心有洲迎水一面以石砌作魚觜形使分水勢爲兩派再用三叉木植立水中接出數丈塡石成埂冬令水涸欲修左則塞斷右派修右則塞斷左派然此尚在離堆之上流入城復出南門過普濟橋至伏龍觀後亭觀離堆離堆者玉壘闕之虎頭崖拖下一小山也其山皆石高不過十丈江自西來順虎頭崖折而東南行冰鑿開崖石窄處可四丈寬處可

六七丈長可二十餘丈引使北行分灌川西垻十餘州縣因勢利導故其利甚溥崖脚刻有深淘灘低作堰六大字已爲漲沒未及見正對離堆鑿處水則尚存皆明盧翊重刻者按元史河渠志南江北江皆自都江堰東行北本無水秦李冰鑿離堆作堰以豬洪流至三石洞釃爲二渠所謂穿二江卽此溉田以億萬計又云北江稍東爲虎頭山爲鬬雞臺有水則以尺畫之凡十有二水及其九則民喜過則憂沒則困又書深淘灘低作堰於旁爲治水法皆冰所爲也余謂冰書當是秦時小篆假令今日而在其可貴重豈不與石鼓並垂余又謂江自尤溪口東出地勢西北高東南下故水皆迅流奔

激所經過郫灌百二十里間平疇廣野渠澮縱橫壅泄如意即此可觀先王溝洫之法冰之爲此匪惟人事亦由深得地利耳離堆之尾久爲水所決平今有人字隄護之自都江堰順流至普濟橋下可三四里河分數派兩岸隄石縱橫如魚鱗層累有用圓石疊砌者有用竹籠長三四丈橫置岸濱以石塡入者皆丁文誠之所爲也是日上午晴未申間陰雨夜大雨

閏月初三日往游青城山道家所稱第五洞天實岷山之首峰自此連嶺而西直至江源皆岷山也出西門過竹索橋十七里玉堂場竝江東行又五里折西可十五六里爲長生宮

范長生隱居處再西北入山峽盤折而上至半山稍平處新建一碑題曰義士徐開龍死難處同治年間響藍大順股賊者又三里林壑幽曲抵天師洞殿宇無多後一石巖高聳道士云山後絕壁如削成青城得名以此左偏對面峰曰丈人觀觀旁傳有漢張道陵墓實無跡可尋四周屏障環列不能視遠余頗失望客堂外銀杏一株極大合抱可四圍樹腰皆成鍾乳天師洞即在其下洞甚深乾隆中因羽士之流多入而不出官遂封閉後有關帝殿殿旁一池極清淺石闌上刻古六時水天福四年八字再上則虛靖天師殿道陵三十世孫名繼先字嘉聞道號修然子宋元祐中賜號虛靖前廊兩

壁摹刻岳忠武書出師表又有洪武御書純正不曲書如其人八字左轉即石巖巖有一洞唐碑在其中碑高約三尺寬一尺七八寸明皇行書文云勅益州長史張敬忠頃者西南阻化徭役殷繁山川既接於夷戎縣道有勞於轉輸自卿鎮撫百姓咸安革弊遷訛良多慰沃歲陰寒極比平安好今賜卿衣一副至領之蜀州靑城先有常道觀其觀所置元在靑城山中聞有飛赴寺僧奪以爲寺州既在卿節度檢校勿令相侵觀還道家寺依山外舊所使道佛兩所各有區分今使內品官毛懷景道士王仙卿往蜀川等州故此遣書指不多及別署大勅字又署十一日三字首一行題大唐開元神武

皇帝書　常道觀主日遺榮勒字及題　晉原吳光達末三
行題開元十二年歲次甲子閏十貳月十壹日下十三年正
月一日至益州二日至蜀州　專檢校刺等官節度使判官
彭州司倉參軍楊濤　蜀州刺交平嗣先　清城縣令沈超
小皆隸書碑陰係開元十八年六月七日韋縚等奉旨齋醮
題名今別摹刻前殿勅與題名共列一面可觀祇此而已留
宿是日陰
閏月初四日住余昨在途中望青城諸山雲霧難辨私念此
行不能如昌黎之開嶽雲東坡之禱海市亦是虛游今晨忽
晴霽早飯後令一道士爲導步行操筇杖由石巖後紆折而

下經擲筆槽復攀援上升約二里許至第一峰始開朗然北面爲趙公山所限西面缺處僅見遠山數峰惟東面可縱觀耳量其山之高似尚不及吾鄉金鼎山眼界之濶亦遜祇巖壑中樹木濃翳生氣勃勃較勝一籌青城名著寰宇所見殆不逮所聞然則吾向題金鼎山曰小峨眉又題曰三十七洞天及題飛雲巖爲七十三福地皆足以發山水之靈奇蓋自唐道士杜光庭死無復有能主張山水者矣巖壁上橫刻青城第一峰五大字前建昌道黃祥人雲鵠所題道士乞留名余書數行云光緒丁亥閏四月入　覲道出成都至灌省墓遂游青城登第一峯瞻望岷峨以攄吾抱前出使大臣遵義

黎庶昌記因指示令刻此壁上不知果能如約否又過朝陽洞里許至上清宮小憩觀麻姑池迤邐下山又四里餘與來路會遂歸同鄉數人邀飲并餽靑城茶是日晴

閏月初五日行出東門謁文翁祠祠甚朽敗三十里崇義鋪尖四十里郫縣城宿郫筒酒古最有名即今之老酒余取而嘗之似黃酒味淡而性濃可以解渴其價亦廉眞佳品也但筒製無聞是日陰晚大雨遂竟夕

閏月初六日行二十里犀浦尖三十里入成都仍住貴州會館同鄉候補知府金鶴籌椿來會是日陰雨竟夕

閏月初七日住出南城過萬里橋即諸葛武侯送費禕使吳

處下所經之江即內江也亦名郫江里許至丞相祠堂前殿
塑先主像東偏有北地王諶位左右二間有關帝及桓侯像
後殿祀武侯亦塑像左爲諸葛瞻之位右爲諸葛尚之位殿
皆樸素未施髹漆兩院中古栢陰森正杜詩所謂丞相祠堂
何處尋錦官城外栢森森是也其西有池荷葉已滿池之西
爲惠陵界以牆中一小土山高約三丈寬可四五畝制度儉
約有碑題曰漢昭烈皇帝之陵乾隆中所立又三四里至工
部草堂杜公故宅基址也祠係嘉慶十七年重建成都知府
曹六興有記後堂塑工部像左右配以黃山谷陸放翁祠內
亭榭曲折引水爲池環繞縈帶竹木幽陰猶想見榿林籠竹

景象祠東爲草堂寺初名梵安寺唐大歷中冀國夫人捨宅所建與祠共一外垣疑當時工部去蜀草堂爲冀國所得也寺祇五重甚整飭其最後一重隔廳事爲二正面爲說法臺後面爲會客所環以小園布置絕善寺中僧徒可八十人草堂即歸該寺經理祠旁新建冀國祠按夫人姓任氏浣花溪女節度使崔寧妾大歷中寧入朝楊子琳作亂任氏率衆討平之封冀國夫人事見唐書又西北二里許至青羊宮宮廣數十畝凡八重中祀老子其第四重一八角亭上覆琉璃瓦柱皆鏤龍塗金中畫老子騎青牛像後爲太極殿新造長五大間進身四丈許簷階寬丈餘裝飾華麗宏壯無比殿中有

銅鑄青羊二宮所命名也簷下銅鐘一口徑四尺形製類古編鐘殿前列鐵鑪一鐵花瓶四鏤鑄精致明成化四年蜀懷王造其二正德年間造八角亭前又有一鑪腹徑二尺許絕類古瓶均極古雅其第六重祀唐高祖高后旁有問禮堂可憩楹懸劉石庵墉對聯一付愛玩久之隔牆即二仙庵別自爲觀不相屬惟每歲春會時將牆垣開通以便進香者往來會畢仍閉兩觀各有道士七八十人二仙者老子與關尹喜也庵漸頹舊大殿後壁石刻 聖祖御書額曰丹臺碧洞詩云赤龍黑虎各西東四象交加戊己中復姤自茲能運用金丹誰道不成功皆題康熙四十一年壬午季冬

欽賜二仙庵道臣陳清覺由二仙庵循城而南里許路旁有
庵曰寶雲黃祥人觀察倡修其地三水交會即古百花潭亦
即浣花溪工部詩浣花溪水水東流又云百花潭水即滄浪
又云萬里橋西宅百花潭北莊以地勢準之皆合同鄉候補
知府何夢瀛亮濤金鶴籌許衛生劉一六資州直隸州高怡
樓培穀郫縣知縣楊濟生作霖等就會館招飲怡樓爲青書
先生之孫其治資頗有聲今乃賦閒在此子振匯寄銀百兩
至是日晴夜雨
閏月初八日往拜客數處晤黃祥人及鹽道承敦甫厚是日
晴夜雨

閏月初九日住往游昭覺寺寺在城北十里方廣六十畝山
門外皆稻田門內亦有稻田數畝初進爲八閣亭再進爲天
王殿圓覺殿正殿禪堂方丈法堂經樓凡六重由大殿而右
爲雲堂爲祖師殿爲念佛堂又右爲大菜園放生池池後有
觀音閣並塔院五所丈雪和尚塔在焉由大殿而左爲客堂
爲龍神殿爲御書樓又左爲普同塔後亦有塔院數所前面
圓覺殿之旁爲化僧窰兩廊羣房百餘間有觀堂倉庫房鐘
鼓樓等齋堂極儆潔列長案桌數十髹漆如鏡容坐二三百
人廚內大鍋二口徑六尺厚寸餘可下米二石許放戒時人
衆多至六七百常住亦三百左右寺內有康熙年間

御賜法界精嚴扁又有石刻　御製詩云入門不見寺
十里聽松風香氣飄金界淸陰帶碧空霜皮僧臘老天籟梵
聲通咫尺蓬萊樹春光共鬱葱末題僧詩　欽賜昭覺
沙門徹綱又光緒八年因該寺捐輸頗多丁文誠爲之奏請
復　頒賜龍象神通扁額方丈後有宋眞覺禪師祠堂雍
正乙卯果親王題額曰眞實不虛殿宇多舊式雖宏濶而不
甚華麗其大殿經樓規制頗與吾鄉禹門寺相類經樓則猶
丈雪所建也上貯南北二藏觀畢方丈和尚正覺導入客堂
小坐壁間懸有果親王及丈雪書極佳叩以常住歲入正覺
云每年收租三千數百石從前輸納不貲自丁宮保裁撤夫

馬歲可省錢五百餘緡余因告以禹門寺係丈雪所開尚在
昭覺之前計自順治四年丈雪來駐禹門十二年至順治十
六年往昭覺又七年爲康熙四年始開壇放戒年代均符按
寺創建於唐僖宗乾符年間賜名昭覺宋明猶盛經張獻忠
之亂焚毀無遺至丈雪重興實同於創故今以爲開山祖師
寺之巨無愧四大叢林冠冕四大叢林者昭覺文殊草堂及
新都寶光寺也正覺設素齋款讌申刻歸偕德軒麗東晉甗
蓀鏞章散步至會府街猶如京師之琉璃廠古董書籍字畫
所在昏後又至東大街一觀夜市是日晴夜雨
閏月初十日佳往觀機器局局員爲遵義高錦堂啓文導觀

各廠規模祇上海製造局十分之三有水火機輪各一工匠四五百皆中國人由錦堂指導而成非有洋員教習可謂別開生面惜機器無多僅能製鎗礮他未遑及出城過江四五里至雷祖廟觀薛濤井井在牆外空地口斂腹侈俯窺及丈始有水冬不枯夏不溢如是而已復入城至文殊院以許衛生邀請在彼令方丈和尚法基具齋供養借此作游觀也院近北城根康熙中慈篤和尚所開近叠踵修正殿祇五重而左右小院頗多裝飾陳設俱華美佛像多銅鑄其第四重說法堂有摹刻康熙四十一年　御賜空林二字扁額及臨米芾書一幅第五重藏經樓貯有南藏樓下極東西兩間

爲客廳方丈又在其西別有一小佛堂爲方丈私室陳設精
絕爲各寺所無內有瑟一張齋堂献潔與昭覺同後園養鹿
三隻一鹿甫生茸以手撫之溫暖異常眞純陽之品寺產歲
收租穀千餘石僧徒常住者百餘人晚歸是日陰晴夜小雨
閏月十一日住巳刻拜謁劉制軍仲良秉璋坐談良久又回
拜中軍吳虎臣奇忠出城至百花潭寶雲庵赴黃祥人觀察
之約兩人清談半日暢飲而歸祥人即席賦詩云話別春明
廿六年誰教重締蜀中緣百花潭北雲迷岫萬里橋東水接
天異域新聞談海外他鄉舊雨醉江邊汗青頭白成何事羨
煞乘風破浪旋又以所刊左文襄公宗棠遺文見贈是日晴

夜小雨

閏月十二日往劉仲良制軍來拜旋餽酒席一卓午後過孫德軒飯就近一觀駱文忠公秉章專祠祠後有池周回數百步相傳爲蜀漢趙順平侯洗馬池又至貢院一觀明蜀王府即昭烈帝故宮遺址也又西入滿城城樓上題扁曰少城舊治附近有書院亦曰少城書院按成都有太城有少城有子城有羅城太城秦張儀司馬錯所築後一年復築少城即府之西城蜀都賦亞以少城接於其西是也晉時兩城猶存益州刺史治太城成都內史治少城張詠創設記張儀築蜀郡城方廣七里從周制也分築南北二少城以處商賈少城之

迹今湮隋開皇初封子秀爲蜀王因附張儀舊城增築南西二隅通廣十里亦曰少城時因謂太城爲子城杜詩東望少城花滿烟是也其後少城復毀唐咸通十一年南詔寇西川西川民爭走入成都時成都但有子城而無濠湫隘墳溢公私困憊乾符三年高駢帥蜀展築羅城周二十五里後唐天成二年孟知祥於羅城外增築羊馬城周四十二里宋以來累有營繕明初因舊址增修即今府城華陽國志張儀張若城成都於彝里橋南立錦官今城南名錦官城城西名車官城或曰孟蜀後主祀於宮苑城上盡種芙蓉謂左右曰此誠錦城矣故亦稱錦城皆在今城西南隅滿城實孟蜀增築之

羊馬城與唐時少城相近非秦所築少城也成都土地軒爽風氣界在南北之間街道房屋均完善整飭讀杜詩層城塡華屋季冬樹木蒼喧然名都會吹簫間笙簧楊子雲蜀都賦渟皋彌望鬱乎青葱數語千載如繪但其地勢東嚮祇是偏安局面自古爭天下者用蜀以貧富强則可若得蜀便以自足如公孫述成李王氏孟氏之徒燕雀處堂無一能久存者此諸葛武侯所以汲汲北伐也人物平正而少秀氣故科名亦不盛余見如此城內古蹟著稱者如文翁石室在府治南漢永初間太守陳留高眹增設周公禮殿已為張獻忠所毀即今錦江書院楊雄故宅即成都縣治司馬相如宅在市橋

西支機石在城西南高真觀諸葛武侯故宅即府治今尚有
觀星臺摩訶池即貢院後水今已湮匆匆均不及訪是日陰
晴夜小雨
閏月十三日住爲人書屏幅作家書及蹇子振書僱夫自成
都至西安二十四站用夫七名每夫七兩五錢高怡樓以陶
文毅公澍蜀輶日記見贈頗資攷證是日陰晴
閏月十四日行孫德軒馮麗東偕往新都游桂湖出成都北
門過大橋流江經其下流江一名外江又名走馬江繞城東
北而南與郫江會漢志謂李冰穿二江成都中指此冰穿三
十六江此其最大者元豐九域志云二江舊皆從城西入唐

高駢築羅城遂從西北作縻棗堰塞故瀆更鑿新渠導外江
繞城而北內江繞城西而南下流仍合於舊渚者合江亭也
山堂雜論曰外江內江之名前後凡三見大江爲外水涪爲
內水此不易者也湔水入雒爲外江流江入江爲內江此自
成都府言之也郫江對大江而言則大江爲南江郫爲北江
對流江而言則流江又爲外江郫爲內江此即成都一城言
之也流江實兼內外之稱各因所指立名似相離而實不相
涸七里駟馬橋漢司馬相如題柱處大路之旁相距數里兩
邊各有一山西爲學射山蜀後主嘗習射於此今稱鳳皇山
東爲二台子俗稱也十三里天回鎮尖唐元宗返蹕經此故

名入新都界過大橋二皆湔江之分流二十里新都縣宿南門外有楊升庵故里坊及明大學士楊公廷和墓道碑入城便道至桂湖湖乃升庵故宅寬廣數十畝逼近西城隄上古桂數百株偃仰垂蔭亭榭周遭水木明瑟頗與蘇州拙政園相類吾鄉惟唐威恪公樹義貴陽省城待歸草堂近之草堂內池大數畝高柳叢篁映帶左右以天然取勝皆園亭之極佳者也至店少憩出城游寶光寺距城半里正與北門城樓相對門外大水田四寺垣內竹樹濃密香楠甚多入門第一進爲歡喜佛第二進爲天王殿殿後有無垢塔高十三層再後爲七佛殿佛像極高大正中三尊左右各二又後爲大佛

殿又後爲藏經樓樓貯北藏禪堂在大佛殿右別自爲院幽深靜潔廣單陳設亦精整羅漢堂在左四周皆通樓塑五百阿羅漢像重行背立百寶莊嚴爲各寺所無寺之馳名以此歲收租穀千餘石僧徒常住百六七十人支客僧欲留素齋余已倦遂歸是日晴

閏月十五日行十五里道旁有方石柱二俗稱斷牌坊東漢循吏王稚子石闕上刻雲物花草依稀可辨一柱石華甚多蜀輶日記謂刻有隸字余停輿細視實未見又二里唐家寺古彌牟鎮也場後有孔明八陣圖草地上土堆百餘大小不一每堆相距四五尺三里過淸白江至藍家店俗名向陽場

入漢州界過木橋長六七丈亦名向陽橋五里昭化鎮五里姚景橋一名通道橋十里石梯橋十里漢州尖街市極盛漢州本漢雒縣後漢爲廣漢郡治自昔謀蜀者所必爭先主之入蜀破雒城遂圍成都鄧艾入雒城長驅至成都蓋雒破則成都無可守之理故杜佑以廣漢梓潼成都爲益州之三蜀也出城一里過金雁橋不遠又過一橋橋頭有碑題曰嚴君平先生卜臺臺在西八十步嚴眞觀故地十九里小漢鎮過石亭河即古雒水河淺沙濶踐涉而過入德陽界十里大漢鎮二十里德陽縣宿由漢州以往多北方風景矣是日陰

閏月十六日行五里道旁小土阜有碑題曰東漢益州別駕

秦公宓故里古三造亭在此五里牛耳鋪十三里黃許鎮尖市集頗繁地形隆起本漢綿竹治所諸葛瞻戰死處也鎮北里許有漢上庸長碑俗呼高碑顧南原藹吉隸辨尚載故上庸長司馬君孟臺神道十一字近剝蝕益甚光緒九年邑令吳鼎甃磚封閉爲石闌護之別刻上庸長三字於鎮東頭余親至碑所審視正中大字一行僅見上庸長三字司字存外郭一筆餘均剝落碑之上半截小字痕跡猶存然亦不可辨識矣出鎮過綿陽河乾沙尚無水五里林坎鎮由此漸次上山四里廣濟橋入羅江界八里白馬關即古鹿頭關攷各書多云白馬與鹿頭對峙以余觀之只一山耳言對峙似未確

因徧詢土人有知者皆云古鹿頭關實今黃許鎮杜子美詩連山西南斷俯見千里豁又云及茲險阻盡始喜原野濶據詩意斷字盡字必應在黃許鎮情景始合然則言黃許爲鹿頭者是也白馬關並非峻險上有龐靖侯祠栢樹環翳望如圜墉其墓在祠之第二重後墓用石封頂爲八角形入祠展謁復下山二里道旁土堆高處有虛冢俗呼血墳爲靖侯中流矢死節處則落鳳坡也其實落鳳白馬祗是一山一在山上一在山脚耳八里羅江縣正道當經城內出東門輿夫繞越北城從羅江河兩水會流處經過平橋二十餘里至二井鋪與正道合羅江至二井鋪十四里紆行村塢中河流清淺水輪引注

平疇禾苗正茂恍如身在故鄉又一里大井鋪十五里金山鎮宿未至五六里道旁有一墳題曰明季義烈貞女王氏墓道惜未讀其碑記出德陽城東南一面即有小山屏障近隔數里十數里遠或二三十里連延不斷直接白馬關其西大霍山高入霄漢自灌縣發脈而來至白馬關西北數十里止遙見白雲縷縷湧出如蓮華眞奇觀也土地雖平肥沃不如成華等縣水源亦較嗇自未出黔境之桐梓土色即紅直抵華陽大麵鋪千里如一至成都二三百里間忽變青黑及林坎鎮色又復紅禹貢梁州厥土青黎殆就川西壩土色爲衡也講地利者亦不可不知附識於此是日晴夜熱甚

閏月十七日行十里雞鳴鋪入綿州界二十里皂角鋪尖原名鍾陽鎮十五里石橋鋪七里偏堆山綿州產鹽多由小船運至此處登陸故爲巡鹽隘口八里綿州州本兩漢涪縣隋唐爲綿州天寶中曰巴西郡涪水源出松潘衛東北雪山頂經平武江油彰明過城北而東有安縣河自西南來會始稱綿江亦名涪水下流入嘉陵江古統謂之內水也志以此水經州左或稱州爲左綿乾隆中涪水屢壞城郭移州治羅江而於此置金山驛嘉慶五年知州劉印全督衆建城城甫竣而教匪大至百姓賴以獲免六年復還舊治故今又有老綿州之稱城外護以隄自西而北而東長約三四里州署內有

六一堂歐陽公父曾爲州推官文忠實生於此州城頗狹百
里內外皆矮山回抱雖水陸四衝而無險可扼諸葛武侯北
伐經營漢中正以進爲守蔣琬乃舍漢中而駐涪厥後費禕
屯漢壽姜維耕沓中均落第二義至諸葛瞻退往綿竹一戰
而蜀亡矣陶文毅識其失地利良然出北門過綿江渡經芙
蓉溪水色渟瀠可愛溪南有山曰富樂相傳劉先主入蜀至
此與龐統置酒作樂得名五里仙八橋二十里炕香鋪十二
里蔡家橋十里沈香鋪宿鋪即杜子美重送嚴鄭公之奉濟
驛也是日陰晴

閏月十八日行十三里銅瓦鋪十二里魏城驛尖綿州州判

駐此後魏時曾置縣街道頗長有絲市成都綢緞店往往在
此收集以綿州梓潼一帶多產絲見貿易者甚衆絲色皆黃
白絲不及十分之一亦土性所宜時當仲夏蠶事方畢沿途
人家繅車之聲未絕也十七里宣化鋪八里羅漢橋入梓潼
界五里石牛鋪十里板橋十八里過長卿山山之西南面絕
背馬鞍東北臨潼水石壁橫亙如牆垣舊名神山唐元宗幸
蜀以山有司馬相如讀書窟改名長卿山下有漢義士李業
祠業墓在山上其石闕猶存今移置祠內余正欲詢訪無能
言其處者忽祠前一人問曰欲觀漢碑否亟令導入碑在祠
之左廊甃爲麥草堆塞爬剔久之始露正中隸書兩行每行

四字題漢侍御史李公之闕大四寸許完好如故昨在黃許鎮觀上庸長碑今又觀李業闕皆以無意得之可稱快遇祠外又有明贈太常寺卿何光裕墓道碑渡潼江平橋寬潔絜以石闕頗入畫境二里梓潼縣宿自踰林坎鎮後大山俱在西北數十百里外經過之地雖無奇峯疊嶂而岡嶺坡陀平原絕少至長卿山麓有魏冢埧豁然開朗心目一清是日大風寒甚兼以小雨晚陰夜又雨

閏月十九日行十里水觀音道南有五婦山即七曲山首峰華陽國志云秦惠王遺蜀美女五人蜀王遣五丁迎之至此俱化爲石因名上山五里劍泉有石坊題陂去平來四字又

有送險亭五里七曲山文昌帝君成化之所其降生處尚距此五十里地名梘泉山中栢樹萬株幽陰蔽日上建文昌宮後爲桂香殿鐵鑄神像高丈餘再上爲家慶堂天尊殿正殿之旁左轉爲風洞塑神騎白馬像於洞前洞口甚狹相傳其洞通華山語涉荒誕右與關帝廟相連出廟過街上山爲盤陀石石圓如磨出土四尺許寬七八尺再上爲應夢臺臺下右方有晉栢一株高丈餘樹已枯槁而枝幹盤屈如鐵色現方甃井欄護之尚未成山下有九水即潼水也按梓潼帝君姓張名惡子居蜀七曲山仕晉戰沒人爲立廟唐宋屢封至英顯王道家謂帝命梓潼掌文昌府事及人間祿籍故元加

號爲帝君而天下學校亦有祠祀者歲以二月三日生辰致祭其見於明史禮志如此昔朱子謂梓潼與灌口二郎兩個神幾乎割據了西川蓋譏之也嘉慶六年大學士朱文正珪以文昌化書進奉　旨各省皆立廟由是　頒樂章升中祀與孔子並尊似亦過矣徒以令甲所頒無人敢議余私意向不以文正此舉爲然讀蜀輶日記深闢化書之謬已有先得我心者二十里上亭鋪尖自此以北尖站飯食多不便是處本唐上亭驛一名琅璫驛明皇幸蜀雨夜於此聞鈴聲以問黃旛綽曰似謂三郎郎當因令樂工張徽即野狐譜其聲爲雨淋鈴曲也憑眺北望羣峰綿延蒼翠欲滴隱約中已

見劍門頗似在家時雨後登小青棡林先墓上望遵湄接界諸山山下有百頃垻地勢平衍號爲膏腴五里入劍州界十五里演武鋪十里瓦子丫十里下山渡潼水入武連鋪宿武連周明帝時所置縣名自五婦山上坡至七曲山經盤龍山下至武連鋪實皆七曲一山耳路在山半逶迤曲折因以得名以余細觀曲處殆有十餘轉尚不止七數若登高下瞰其脊正類蛇行到店尚早散步至場後覺苑寺寺係宋元豐間賜名今俗呼大寺有顔魯公書逍遙樓三大字石碑尚存字徑尺餘前款一行只十年十月六日武尉郭九字可辨後欵一行題大歷五年正月一日顔眞卿書惟眞字稍剝落別刻

有宋陸放翁宿武連詩後殿舊有泉水出佛龕下名爲慧泉保寧知府徐之銘有記泉今湮是日北風寒雨未申間始霽

閏月二十日行出鋪即上武侯坡相傳武侯營憩兵於此坡半新建石坊題武侯坡三字五里坡頂有武侯祠祠外有乾隆五十三年李恭勤世傑修路碑自武侯坡起修至七盤關止蜀輶日記云坡有乾隆四十二年（年分誤）川督李世傑修路碑稱自七盤關至此共修路四百餘里昔李白作蜀道難以譏嚴武陸暢作蜀道易以美韋皋蓋皆有託而言我朝宋荔裳賦棧道平則直指貴中丞開路北棧之事若李漢三制軍此舉尤有益於南棧惜其時無作詩張之者然其夷險通阻

之功不可泯也十五里垂泉鋪二十里柳溝鋪尖柳溝一作柳池未至二里道旁有贈太子少保兵部尚書節齋趙公墓道碑墓在山上十二里講書臺宋黃文叔裳讀書處八里梁山鋪十里青涼橋十里經普翠山至劍州宿州北枕漢陽山亦謂之北山城跨其少半相傳有姜維拒鍾會時故壘今湮州本因劍山得名然近城數十里劍閣諸峯反爲他山所蔽不可得見沿途古栢甚多夾道森立大皆兩三人合抱明正德中知州李璧所植五百年物也間歲由州委人稽查一次編列號數懸牌其上以禁斬伐其爲守土所珍重如此入城訪舊同事李申夫榕方伯始知渠家住下司去城百里不及

一見殊用悵惘因作小詩寄之詩云想像皤霜滿鬢根蜀中四李羨君存開縣李尚書雨亭宗義中江李廉訪眉生鴻裔忠州李大令芋仙士棻及君皆曾文正公門下士書塋不睹黃文叔多愧匆匆出劍門於是與申夫濶絕二十年矣是日晴

閏月二十一日行出城過閻溪橋上山二十里抄手鋪十里石硐溝十里漢源坡尖古之漢源驛也今訛作漢陽鋪石墩塘討孟知祥董璋前鋒將王宏贊自白衛嶺從小劍路出漢源驛倒入攻劍門破之宋王全斌伐蜀由閻道攻劍門而令別將由來蘇徑道至青彊店出劍關南二十里蜀將王昭遠留偏將守劍關而自引兵陳漢源坡以拒青彊之兵爲宋軍

所敗即此出漢源驛古栢尤多十二里天生橋在兩山相連處左右俱低中脊獨隆起寬丈餘絕似平橋因以得名三里靑樹子十里劍門驛宿有巡檢駐此此站所經皆在山嶺之背過天生橋後但見羣峯攢列正如鋸齒百餘皆作欹勢又如潮湧平沙浪花回捲其外向一面皆削壁也飯後散步出驛北頭里許有石坊題姜大將軍坊又有碑題遠志孤忠道光十四年果勇侯楊芳書由右過小橋上山有姜平襄侯祠祠甚隘陋殿前懸澤流巴漢扁光緒十年　御筆所頒在祠小憩祠僧出一緣簿其序謂大劍山即今梁山寺小劍山即今仙峰觀梁山寺更在姜祠後仙峰觀在大道之左各距

驛十里小劍上有古苦竹隘險絕由大道再北過橋里許爲劍門關道光時重建兩崖中闢如門關上置閣崖壁皆碎石凝結如三和土築成層累而上可百數十丈有小水從驛旁流出關門由驛至關門路甚平坦其險須自北來始見陶文毅云昔李勢過劍關歎劉禪爲庸才而其裔卒亦面縛於人王衍禁蜀中貨物惟窳惡者始許出關謂之入草貨莊宗怒曰王衍不免爲入草人旋即滅蜀險阻其足恃乎關內石縫中嵌碑碣頗多天晚不及觀劍山上出一種草藥梗似蒿枝呼爲劍草服之可强筋骨祠僧以一束致餽受之是日晴時方禱雨劍州及此皆禁屠

丁亥入都紀程卷上終

丁亥入都紀程卷下

遵義　黎庶昌　蒓齋

閏月二十二日行五里劍門關出關門邐迤而下十里誌公寺梁時誌公脫化於此寺久廢過橋上山十里七里坡十里入昭化界至高廟鋪從七里坡一帶回視劍門呀然中開兩崖對峙絕似瞿唐峽其上皆天然絕壁自爲一重分東西回抱如城如墉峯尖皆作雞冠形偏矗北向杜詩連山抱西南石角皆北向又云兩崖崇墉倚刻畫城郭狀必至此始得眞面目他處尚未盡合也奇險類吾郡婁山關而開展遠勝可謂天開圖畫子美以天下壯三字狀之眞如化工點筆矣五

里下架梘溝五里孔道新五里上至大木樹尖大木樹一作
達摩樹古小劍戍也大木樹之西相近有雲頭山俗名人頭
山矗立八九峯瘦出雲表蜀輶日記以爲頗肖壺中九華絕
頂有寺亦稱梁山寺按水經注小劍戍西去大劍山三十里
連山絕險飛閣通衢謂之劍閣華陽國志武侯相蜀鑿石架
空始爲飛閣以通行道劉昫曰大劍山有劍閣由閣道三十
里至小劍皆絕險志云大小劍山峯巒聯絡延亙如城下有
隘路謂之劍門關大劍路頗平小劍則石上架閣尤險峻參
此數說是古以雲頭山爲小劍明矣據形勢而言余謂小劍
實要於大劍出閣門至大木樹數十里溝澗中亂石縱橫雖

稱險隘然已無復棧道之跡十里竹丫子即唐明皇所封之白衛嶺歎李嶠爲才子處也十里上新鋪五里牛滾蕩七里天雄關關在牛頭山半俯瞰嘉陵江白水江如東帶然道旁有頌誠謀英勇公阿桂平定金川功碑七里涼亭子八里昭化縣宿城只短街一條頗冷落西門外有丁宮保祠正中爲宮保閣設文誠長生祿位後堂祀諸葛武侯左祀費敬侯右祀文誠大父建業建業名必榮曾令斯邑文誠督川後裁撤夫馬局尚有不能盡撤者特於昭化籌費萬金置田代償使永免苛派之累以成先人志事縣人感之爲立祠也祠之右別爲一院題曰宮保別墅別墅之南爲漢尚書令費公敬侯

原書闕

原書阙

閏月二十四日行十里千佛崖即杜工部紀行詩之石櫃閣附近有亭今仍舊稱方輿紀勝云石闌橋在綿谷縣北一里自城北至大安軍界營橋欄閣共一萬五千三百一十六間其著名者惟石櫃閣龍門閣是也方輿紀要引郡志石櫃閣在縣北二十五里又云龍門閣縣北十里嘉陵東岸其地有千佛崖均不確蓋石櫃龍門兩險不應同在一處而千佛崖即石櫃閣之稱人所共知龍門則未聞以是知顧氏誤也其崖逼近江瀕古架木作棧後鑿石爲佛像遂漸開通至明洪武中景川侯曹震相視開鑿壘石作岸益成坦途矣今崖石新崩數丈恐尙有續崩者以石縫甚多之故十里石鼓鋪又

里許許家河兩岸俱產煤十里飛仙關嶺脊隆起數十百丈其向西一半又突高數十丈江水三面環之西北高峰十餘迴出雲表下關數百級路極陡窄相傳以爲仙人徐佐卿嘗憩此按錢牧齋杜詩注引方輿勝覽云飛仙嶺在興州東三十里相傳徐佐卿化鶴跧泊之地故名飛仙上有閣道百餘間即入蜀路又云飛仙閣在梁山梁山即大劍山兩歧其說此即所謂在梁山者若從是說則工部飛仙閣一首應次在七盤龍門閣後與紀行次第不合當以在興州者爲確興州今之略陽方輿紀要亦謂飛仙嶺在略陽東南四十里也錢注又引通志棧道在褒斜谷中飛仙閣今武曲關北棧閣五

十三間也杜公由同谷入蜀其道不能迂曲至此亦非十里
沙河驛尖十七里望雲鋪三里樓房溝由此上朝天嶺十里
至朝天關上有小城道光年間重修地形險固不亞於劍門
劍門窄狹此則高峻憑高四顧眞有咤叱風雲之槪其下爲
朝天峽壁立千仞經行大路迫近嘉陵江岸自廣元以北數
十里間山峯峭劣石脚往往插入水際頗似黔中烏江兩岸
景象惟沙河驛一帶稍開展十三里下至朝天鎭宿亦稱朝
天驛是日陰雨
閏月二十五日行出鎭過一平橋橋下所經潛水也上山二
十里爲龍洞背兩山忽合而爲一其合處石脊橫截如長虹

下開一洞高數十丈潛水入其中伏流數里始出即杜公紀行之龍門閣此水源短流淺不足以當禹貢之潛顧景范疑之是也攷元和郡縣志龍門山在利州綿谷縣東北八十二里寰宇記亦名葱嶺山梁州記云葱嶺有石穴高數十丈其狀如門號爲龍門皆指此上舊有廟亦扁龍門閣三大字今頽敗馮鈐幹田云他閣道雖險然在山腰亦微有徑可以增置閣道惟此閣石壁斗立虛鑿石竅而架木其上比他處極險余細視壁上實不見有架棧痕跡然世閱千祀滄海桑田改易者多矣正不當以此爲疑洞中產石燕背面皆有螺紋亦不甚似燕說者謂其能飛殆妄語耳十里神宣驛尖即武

侯籌筆驛土人讀書識古事者言之確鑿方輿紀要以爲在朝天驛余舉以示言者彼云非是十三里扶嘉墳嘉嘗勸漢王還定三秦相傳墳在山上七里鍾子堡十里轉斗鋪十里教場垻宿垻近木寨山其下山處路窄且陡緣潛水而行東岸羣峯相連不能指名實南山之脊教場垻本名機子鋪嘉慶中征教匪官軍於此紮營操演始有是名是日陰雨路極難行

閏月二十六日行三里上武侯坡坡半有李恭勤重修七盤關至武侯坡碑七里七盤嶺關在嶺上額曰山色最佳道旁有碑亭刻果親王詩關內并不甚險出關東去石徑紆折而

下俯臨潛水其險始見楊中丞某刻小心移步四字使行者儆目西北有深澗蜀陝以此分界方輿紀要云七盤嶺與陝西甯羌州接界一名五盤嶺自昔爲秦蜀分界處有七盤關又方輿勝覽五盤嶺屬利州即杜公紀行之五盤也按紀行詩凡十二首自五盤至成都府七題皆此道所經其發同谷至飛仙閣五題在今成州及略陽境成州唐同谷縣略陽唐興州今赴略陽當在甯羌州東九十里之大安驛分路非余所經矣下深澗復上閔家坡入陝西界里許有鑿開石道長十數丈寬五尺深丈餘置關其上曰石峽關十里下至黃壩驛尖驛後有柴山峯尖頓起如囷廩十五里牢固關即古百

牢關關已無存兩面峰巒叢密關以東水皆東流入沔關以西水皆西流入嘉陵江眞阨塞之地五里泗水鎮十里界牌十五里研盤石十五里寗羌州北關外宿寗羌本古白馬氐所居明始置州南山自朝天關連嶺而來蜿蜒如龍與北山對峙夾城東去地勢頗開展近城小山亦饒秀色北關外有渠紆曲如池水中立小土堆七相傳以為孔明七星燈蓋形家附會之言也此站緣泗水而行時時踐涉路亦崎嶇過界碑後兩岸多平疇綠苗掩映風景甚佳飯後散步過鐵鎖橋入城一覩人家多懸扁門首與南方異秦中習俗也是日陰晴夜雨竟夕

閏月二十七日阻雨住
閏月二十八日阻雨住未申間開霽
閏月二十九日行過城西入北山即五丁峽有小水南流至
城東與洄水會十里白蓮驛二十里滴水鋪尖十五里五丁
關將至二三里越過嶺脊頗覺陡峻道旁有碑曰五丁開山
處古所謂金牛道亦曰金牛峽秦惠王誑蜀作石犀牛五詒
蜀謂牛糞金蜀遣五丁開山通道引之是也下關十五里寬
川鋪十五里斬龍丫五里烈金垻五丁峽至此始盡十里大
安驛宿大安故三泉縣址以其地有三井得名驛西數里正
當烈金垻之後嶓冢山巋然高出衆峯之上土人謂之漢源

山音訛作漢王山漾水從山麓發源流至大安驛約七十里俗稱西河五丁峽之水流四十五里來會俗稱南河皆漢江源也嶓冢之西有山相連絕似馬脊俗稱馬岡嶺其實亦嶓冢別峯蜀輶日記云甯羌略陽一帶之山皆嶓冢之支裔獨此處可指目者以漾出於此耳漾沔漢一水而三名隨地變稱此數語恰中要領漢源諸山石骨秀露夭矯不羣遠望眞有縹緲崢嶸之勢此境畫家惟王叔明沈石田深得之由烈金垻大路西去七十里爲陽平關由大安驛大路西北去一百四十里爲略陽杜工部入蜀路也此站所經皆在五丁峽內循南北兩水而行路非奇險而頽沮洳輿夫褰涉無下數

十次故俗有七十二道脚不乾之謠兩岸時有巉崖怪石聳立森若可怖亦奇觀也是日晴夜不成寐聽河流有聲遂起坐待旦私念出門忽已兩月行路甫及其半往聖昔賢畢世皇皇皆以憂道爲事如余不過爲名祿所驅與庸夫俗子奔命耆利者何異年已半百一事無成不覺悚恧

五月初一日行十里桑樹灣五里石河集十五里青羊驛遇有賣參之朝鮮人數名將往成都能操華語余呼一人問以國事不甚了了十五里蔡埧尖十五里渡沮水水色甚清下流與漾水合沮清漾濁分江之半流數里始混爲一色至此可通舟楫十五里土關鋪十五里沔縣東關宿沔古陽平關

建安二十三年先主取漢中屯陽平與夏侯淵相拒即此今關移在略陽縣城經賊破後一片荒涼居民不過數家祇東關外街道一條問武侯墓尚隔江十餘里不能見也此站循漾水東行兩岸皆山亦時有田垻與故鄉風景頗同同寓有英國教士二人由安慶往秦州傳教者能華語是日晴

五月初二日住早飯罷具衣冠往謁武侯墓渡沔水東南行十二三里至墓所就祠內拜謁爲文弔之文云維光緒十三年五月二日前出使大臣黎庶昌道出沔陽謹以隻雞斗酒黍飯豚羹展謁蜀漢丞相諸葛公忠武侯之墓而爲文以弔曰嗚呼天人之際蓋難明矣以公之純忠大節而志事弗克

底于成以公之遠略雄圖而漢祚終于不競豈非千載難平之故望古者所爲遺憾而霑襟神龍潛淵而久閟讀公之言教書疏與陳壽氏所志猶能彷像其生平余嘗論公之北伐其智則高祖定秦之智其心則湯武放弑之心亘古今而間隻實聖哲之豪英暨今遵於蜀道越劍門登隴首又翔度乎籌筆之經營蓋深知登險難恃而乃身抗大敵詒君父以安榮世徒羨出師之名美孰追溯夫慮患之艱貞如公之仁爲己任死而後已匪惟百世所心敬鬼神亦且以震驚蓄私願於卅載今始得展乎墳塋雖雞黍之薄奠類蘋藻之潔精侯靈昭哉不昧冀髣髴而來臨墓在祠後平地上雍正十三年

果親王就民所致祭之舊址而重修之乾隆以來數有培葺土阜尚丈餘徑可三丈位正東嚮定軍山在其南山下有長岡爲武侯屯軍處所謂高平舊壘亦即黃忠斬夏侯淵處也有八陣圖在山之東麓祠內碑刻頗多其墓銜碑係果親王所題謁畢道士復導視牆外一墳墳在山腰甚卑小北嚮雲霧山左有明萬歷甲午陝西按察使金陵趙健所立碑曰漢丞相諸葛忠武侯之墓右有嘉慶五年閬縣龔景瀚記皆指此爲眞墓誠屬一大疑案因攷道士盧白道人所輯忠武祠墓志有說辨此甚悉其言曰沔縣東南十里忠武侯墓在焉山之近脈自騎龍山西南來至掌巴崖起少祖山過峽分爲

九支山勢折東北而饗堂正東向正殿之後大冢巋然自漢
迄明一千三百餘年曾無異說萬歷朝金陵趙公健乃於墓
後數武山岡之半東北向立碑云漢丞相諸葛武侯之墓厥
後樊克己始有千載祠林俱北向分明遺憾蕩中原之詠然
當時尙未另有墓也　國朝嘉慶四年有善堪輿譚南宫者
言於制府松宫保筠遂指大殿之後爲僞冢山岡之半爲眞
墓松宫保乃命邑侯馬公允剛加土爲封以實其說又命蘭
州太守龔海峯爲文記其事文之大略謂定軍一山皆爲侯
墓必求尺寸之土以實之則鑿矣墓前有土岡三層自定軍
山疊浪而來者約三里餘至此形如眠弓因呼爲三台書案

其少祖山下過峽之中幹勢若游龍倏起忽落約五六里結成形如新月者墓之正脈也新月之下豁然開張平地三百餘畝而左右八支之蜿蜒環抱又如佛手橘形家者流美其名曰木星分極登高遠望其天造地設實有圖畫所不能盡者此地父老相傳謂侯曾以斯穴親點於姜伯約禮失而求諸野或不誣也攷陳氏三國志載遺命葬定軍山因山為墳冢足容棺歛以時服不須器物張南軒作侯之本傳因之酈氏水經注云因山為墓不起墳壟龔海峯又從而增飾之云定軍一山皆侯墓是未暇細考遺命葬定軍山之義耳夫所謂葬定軍山者蓋指山下之山環水抱者言之何嘗謂定軍

山爲侯墓又何嘗言葬在定軍山也察定軍山之正脈自金華山分支至尖山子過脈起降山入高廟子下至平地突起十二峯者定軍山也是定軍山各爲一山並不與墓相連酈氏一誤遂有不起墳壠之說龔氏再誤而譚南宮之附會愈顯矣大抵文人之筆每好爲援引以先賢之芳蹟成千古之疑案余誠不忍故爲繪圖以辨之讀此眞可破惑復渡沔湖流至武侯祠祠在大道旁距墓十里光緒五年左文襄宗棠丁文誠唐鄂生中丞及川陝官紳捐貲重建者正殿中懸挂

今上御筆萬古雲霄扁殿中有諸葛石琴一張承以石案長三尺許扣之其聲清越惟琴面刻楷書章武元年四字

想是近代人所爲管祠道士請余留名因書所撰弔文令刻之使列於壁祠東半里有馬孟起祠墓是日晴
五月初三日行十里菜園子街長而頗紆曲十里舊州鋪涉沙河二十里黃沙驛尖蜀志建興十年丞相亮休士勸農於黃沙作木牛流馬運即此涉黃沙河十里新店子入褒城界二十里老道士二十里褒城宿東去漢中四十里古褒國也以周幽王得褒姒著名秦爲褒縣漢曰褒中張良送高祖入褒中即此隋唐爲褒城城南二里有山河堰起自漢相國蕭何曹參踵成之此站循河水東行兩岸山勢開展蓋自沔縣至褒城漢中城固洋縣凡二百七十餘里彌望平原窄處二

三十里寬處五七十里東西長南北狹過此萬山叢疊皆秦嶺也昔曹孟德征張魯又出斜谷與先主爭漢中不克旣還數言南鄭天獄斜谷道直五百里石穴耳蓋畏其深險如此是日風雨不止

五月初四日行出褒城北門上山入峽即古褒谷褒水自峽中流出入於沔八里雞頭關峭壁上一石棱起斗出長丈餘寬七八尺厚尺許絕類雞冠以此得名未至關里許有白石土地廟甚靈嚮祈福者率立碑以報無下數百千具之多廟之前後左右塡塞皆滿道旁延長里餘相傳項羽圍漢高樵汲道絕神爲負水晨起有卒見之立化白石眞齊東野人之

語九里土關鋪自雞頭下關之路頗紆折名七盤嶺下有石門門穿山通道六丈有餘漢永平中司隸校尉犍爲楊厥所開亦稱箕谷關左思蜀都賦阻以石門是也但石門近水今路改在山半俯視不可得見自此以北皆古所謂赤岸亦曰赤崖武侯與兄瑾書云頃大水暴出赤崖以南橋閣悉壞時趙子龍與鄧伯苗一戍赤崖屯田一戍赤崖口但得緣崖與伯苗相聞而已蜀輶日記以赤崖在廣元誤八里過沙河新建有小鐵索橋十里褒姒鋪尖相傳幽王得褒姒於此疑後人附會以實其地幽王時此道尚未通也今訛作包子鋪八里閻王碥頗陡峻賈中丞漢復鑿平之改名觀音碥十二里

褒橋驛二十里二十里鋪宿按今由廣元北趨漢中由漢中北趨關中之路皆謂之棧道棧道者或於石壁上鑿孔用木一頭插入一頭施柱立於水中架板其上如橋然或坡嶺有缺以木續成之浮梁震動逕涉者無不搖眩心目故自古號爲奇險水經注褒水歷故棧道下谷俗謂之千梁無柱諸葛武侯與兄瑾書云前趙子龍退軍燒壞赤岸以北閣道緣谷一百餘里其閣梁一頭入山腹其一頭立柱於水中今水大而急不得安柱此其窮極不可强者也棧道又有南北之分南棧自沔縣而西南入五丁峽至劍門關皆古所謂金牛道秦惠王入蜀之路也北棧自褒城縣北十里之褒谷口始至

鳳翔府郿縣西南三十里之斜谷口止凡四百七十里統名之曰連雲棧中有衙嶺山褒水出其南斜水出其北古所謂褒斜道秦惠王取蜀之路也褒斜道又分而爲二漢高祖從杜南入斜谷張良送至褒中說以燒絕棧道其後別開西路從故道縣（今鳳縣）北出以襲陳倉即今褒城留壩鳳縣寶雞之路杜君卿通典謂之驛路是也今褒道益通而斜道仍廢此外漢中入峽之路尚有二道一曰儻駱道南口曰儻在洋縣北三十里北口曰駱在西安府盩厔縣西南百二十里谷長四百二十里通典曰漢中去長安取駱谷路六百五十二里漢延熙七年魏曹爽來侵軍入駱谷三百餘里費禕進據

三嶺以截爽爽亡失甚衆二十年姜維引兵出駱谷至沈嶺
魏鄧艾拒却之景耀六年鍾會分兵從駱谷趨漢中唐武德
七年開駱谷道通梁州興元其後德宗僖宗皆由駱谷幸興
元是也一曰子午道南口曰午在洋縣東北六十里北口曰
子在西安府南百里谷長六百六十里漢元始五年王莽通
子午道從杜陵直絕南山逕漢中蜀漢建興六年魏延願假
奇兵五千當子午而北八年曹眞請繇斜谷伐漢諸將或由
子午谷或由武都入皆不能達唐天寶中涪州貢生荔枝取
西鄉驛入子午谷不三日至長安是也　國朝亦頗封禁子
午谷乾隆年間陝撫畢秋帆沅因遞送金川軍書改由此道

棧舊驛可近七八日程然此四路中終以寶鳳留襃爲行旅大道今皆塹山堙谷改爲石路昔之棧道悉成坦途無復一板一木之支惟過雞頭關後於石壁閒偶見一二鑿成方穴往往相距三尺許亦有露鑿斜石之上即古用以架木者僅可想見閣道遺蹤而已此古今變遷之大者故詳記之是日晴

五月初五日侵晨聞子規聲行五里仙人溝十五里馬道驛尖樊河自西北來會相傳古有橋爲樊噲所修蕭何追韓信至此今新製小鐵索橋由樊河西去小路可通沔縣驛西二三里遠望山嶺上突起一石形狀似馬亦稱石馬建興五年

諸葛武侯屯沔北陽平石馬即此蕭樊事士人皆能道之然世知其地者鮮矣二十里武曲鋪十三里焦石鋪七里鐵佛店宿初忘是日爲端午經山峽中見草棚茅舍家家皆懸蒲艾儼有太平之風余亦食糭以應佳節是日雨申刻開霽

五月初六日行五里過山坳處入留壩界五里武關驛古武休關路旁新立一碑曰古三交城宋紹定四年蒙古拖雷入大散關破鳳州一軍趨華陽屠洋州一軍攻武休關生山截焦崖出武休東南遂圍興元軍民散走死於沙窩者數十萬即此五里兩河口有小水自青羊鋪西南流入褒水士人謂爲下南河接褒中水道頗似吾黔黃平一帶沅水之上流灘

多水淺史記河渠書謂可以行船漕以余觀之若疏鑿得宜可通至下南河爲止由此循褒水右轉東北行即入斜谷羊腸曲徑往往跨越山脊緣途亦有小店惟肩挑貿易者偶一經之河口有碑題褒斜二谷相接處宋李文子考定大道左轉西北行三里八里關十二里青羊鋪十里畫眉關十里留壩廳尖至此始見小田垻廳城側跨山臂至爲狹隘城內外居民祇數十家蜀輶日記謂其地偪而氣不聚信然十里小留壩十里亂石鋪十二里桃園鋪五里棗木闌宿烟戸較廳城稍多是日晴

五月初七日行七里廟臺子雖在山峽中而林巒蘙然足稱

佳勝巖石尤爲奇古西面一峰特起紫栢山也道家列入洞天之一山下有留侯祠廟門豎碑曰漢張留侯辟穀處欽程侍郎恩澤書正殿祀留侯後殿兼祀黃石公赤松子祠左別院爲小園布置精雅頗饒花木水石之趣從園後竹林上山有亭亭後石闌層級曲折而上至半山爲授書樓俯視幽森蓊蔚鶯簧燕語點綴其間誠棲眞之所祠內題詠極多太小楊侯及陝甘提督胡超均有對聯碑刻由此向東北有小路緣山可達寶雞之益門鎮或以爲古陳倉道非是八里柴關嶺水分東西流東南流者即青羊水西北流者爲野羊河下與心紅峽水合流入嘉陵江十五里松林驛俗稱老驛此

一帶巖壑森秀可愛惟黃平之飛雲巖可與匹敵十二里榆林鎮十五里連雲寺場名由場口南向山坳中有深溝曰陳倉溝小路經酒店溝雙石鋪出鳳縣即韓信勸漢王還定三秦敗雍王章邯兵於陳倉引軍北出之道也五里南星宿是日陰

五月初八日行二里入鳳縣界二十三里廢邱關地極褊狹有碑曰楚項羽封章邯處按項羽封章邯爲秦王都廢邱漢元年邯迎擊漢軍於陳倉兵敗還走止戰好時復敗走廢邱漢王引水灌之廢邱降邯自殺廢邱周曰犬邱懿王所都漢置槐里在今興平縣南十一里不應在峽中此處有關當是

章邯與漢王分界處其所以深入峽中者正項羽使令距塞漢道高祖不欲爲兩鼠之鬭故由閼道繞出陳倉而襲雍實淮陰侯第一奇略也十里三岔驛十五里過心紅峽至心紅鋪冒雨強行二十餘里遂宿地非正站店皆陋劣不堪是日陰雨

五月初九日行十里登鳳嶺羣峯嶒崒下臨險巇西南角一峯特起斜下石壁上有洞如圓鏡相傳周文王時鳳鳥集此五里南天門額曰去天尺五有賈中丞煅石闢路去思碑道旁又有吳涪王祠堂碑謂秦川之有吳涪王祠猶沔陽之有武侯祠又有古朝陽寺今甚陋五里烟洞溝十里下至鳳縣

路既崎嶇又復泥濘行三十五里如五六十里遂宿東關鳳
本漢之故道縣治漢王從故道出陳倉定三秦曹參攻故道
是也唐宋爲鳳州號稱要地然其城前後迫山甚卑隘無足
觀東西關外山峽稍開展故道水繞城而過即今嘉陵江對
岸有崖相傳張果修道於此自茲以北道旁時有土穴貧民
所居是日陰雨午後霽
五月初十日行二里過一小河入故道水古黃華川也十八
里金沙灣六里石門就山峽鑿成十四里白家店尖十五里
五星臺有小水東北入嘉陵江二十里草涼驛宿巡檢駐此
此站皆循江岸東北行山峽中往往土崖壁立二三丈如欲

墜然令人有垂堂之戒過石門及白家店後始見棧道各十數丈因路窄培寬非古鑿石架空之制道旁麥未盡割鶯粟尚有作花者氣候與南方迥殊草涼驛蜀輶日記以爲即漢故道縣故城與方輿紀要不合以地形論之今縣治正當峽門較草涼驛爲扼要余從顧說是日晴

五月十一日行十里長橋鋪五里北星十里黄牛堡尖堡半屬鳳縣半屬寶雞自此山勢漸覺開展二十里堆子十里東河驛與大散嶺相近地勢高平西遞東險蜀輶日記以爲古和尚原疑和尚爲河上之訛也遙見山坳雲氣四塞類有疾雨輿夫賈勇而前入坳又是層巒叠嶂五里上至煎茶坪皆

在雲霧中行數丈外即無所見衣袂盡濕坪據嶺脊水分東西流西南流者嘉陵江東北流者入渭蓋終南極高處也由此盤折而下五里半坡鋪十里觀音堂宿清澗水自谷中流出滮滮有聲此站循故道水而行至東河即嘉陵江源一水而三異稱踐涉者數次過北星後三四十里間有小水數道來注惜不得其名是日晴

五月十二日行十里二里關即古大散關曹孟德討張魯自陳倉出散關諸葛孔明伐魏出散關圍陳倉皆經此與煎茶坪聲勢相連實脣齒之依十里軍陽鋪或稱楊家灣蜀輶日記又以此爲古和尚原宋吳玠吳璘守以拒金人者以史夾

澗相拒進薄和尚原之語證之似當在此然土人有言和尚原在益門鎮之西今名譚家沖即是未至其地不能決其是非姑存此說待攷由此沿清澗水出峽十五里益門鎮山勢漸平隔河有長岡橫對峽門一平如案者寶雞後山也又十里益門山始盡東望皆平原又三里渡渭水河流渾濁分爲數派過渡二次踐涉五次始畢二里寶雞縣土城倚山狹而長狀若屏風其後山頂平數十里直接鳳翔土人謂之原也至此始有馬車寶雞古陳倉舊城在縣東北二十里有二城相連上城秦文公所築漢王還定三秦敗雍王章邯兵於陳倉是也下城魏將郝昭所築諸葛孔明圍攻之不克是也今

遺址彷彿可覩南望終南際天不斷昂昂若馬首東行十五里祀雞臺東南與雞峯山相對衆峯中有一峯離立不羣者雞峯也漢書郊祀志秦文公獲若石於陳倉北坂祠之其神來聲殷殷如野雞夜雊因命曰陳寶祠唐改縣名寶雞過金陵河一小渠耳十五里底店宿是日晴夜大風飄雨逾刻即止

五月十三日行驛道應經鳳翔府至岐山輿夫以迂遠五十里遂由徑路行走出底店里許涉汧陽河十五里柳林村十里油坊村遙見南山晴雲擁出橫絕嶺上百餘里正如青山之外又添一重雪山眞畫所不到十五里第五村尖五里入

鳳翔界十五里安家渠十里石羊廟入岐山界十里涉張家河即岐橫雍三水合流處至岐山縣東關宿城在山麓地爲周之舊國岐山橫截北面西接鳳翔童然無草木土民有左衽者東坡謂其風物可慚蓋靈秀發泄既盡不自今日始矣岐西五里有太伯廟西北十里有周公廟及鳳翔城外之東湖均未得見汧河北岸有諸葛武侯所築石鼻城水經注汧水對城諸葛武侯與郝昭相禦處也俗謂之石鼻寨亦曰靈壁又爲石壁祝穆曰石鼻寨行人自北入蜀者至此漸入山自蜀趨洛者至此漸出山故蘇軾詩云北客初來試新險蜀人從此送殘山也所過村鋪皆殘敗不堪惟岐城差爲完善

城內有湖北布政使謚敏肅粱星源坊是日大晴夜月頗明
五月十四日行舊傳岐山有兩岐出城望之果有兩小峯如
牛角繭立其北與五將山相連綿亙扶風醴泉縣界東南一
面平原廣邈細視亦微有坡陀土肉肥厚所謂周原膴膴者
此也周太王去邠遷岐成王宣王岐陽之蒐皆在此數十百
里內十里道旁有碑曰五丈原按五丈原在郿縣西三十里
渭水之南東南距斜谷關十五里西接岐山界東連武功界
實未在此今郿縣古武功諸葛武侯與吳步騭書云五丈原
在武功西十里碑蓋據接界處而言也其東有北原在渭水
北岸南距五丈原二十五里魏將郭淮所屯武侯爭之不得

上是也二十里益店鎮十里入扶風界有界碑二里過漢伏波將軍馬援墓墓相隔尚遠八里扶風縣尖城在崖下之處西北倚原東南臨美水水流入渭城內有織錦巷苻秦安南將軍竇滔妻蘇蕙所居閭土人無知者十八里過班固墓墓近道南土冢高六七尺徑丈許下輿瞻謁康熙年間鄂海立碑及重修石獅尚存七里入武功界五里杏林鋪宿由杏林南向直望數十峯高出終南者太白山也亦謂之太乙山俗云武功太白去天三百其高可想道書以爲第十一洞天是日陰申酉間小雨

五月十五日阻雨住閒杏林東南三十里有楊家陵未知何

帝之墳午間雨止策驢往觀乃隋文帝泰陵也有畢秋帆沅尚書所立碑陵大可二三頃頂平而四角棱起斜下遠望巋然一山渭水繞其前去陵約十餘里是日陰入夜大雨逾時止

五月十六日行三十里武功縣城外尖城半倚高原與扶風同其東南一面地勢低下武水經流入渭過渡五里毘盧寺路旁有康熙年間鐵碑十五里貞元鋪俗名寒店二十五里東扶風鎮宿武功本古邰國后稷所封秦孝公始置武功縣未至里許有明狀元康對山海墓碑蜀輶日記謂姜嫄祠在上南門外旁有后稷祠余未及見又唐太宗降生之善慶宮在縣南十八里後廢爲慈德寺久沒於渭東扶風鎮古長甯

驛軍站也明成化中移置縣東北是日陰申刻大雷雨
五月十七日行二里入興平縣界十三里馬嵬坡孫景安征途記謂馬嵬所築不知何代人楊貴妃墓在此按舊唐書貴妃葬馬嵬驛西道側上皇自蜀歸密令中使改葬他所肌膚已壞惟香囊尚存上見之悽惋是貴妃業已遷葬此特其權厝之地耳乾隆中畢秋帆沅尚書重加修葺且爲立碑題曰唐元宗貴妃楊氏墓自是經過者無不入觀相傳每歲七月七日五更時有白氣出冢上團結如珠以治婦女瘢點立愈謂之貴妃粉云或曰此香爐中灰所凝聚者余嘗謂貴妃之於唐誠不能辭稔亂之咎然陳元禮逼迫上皇中途賜死亦

可謂之跋扈不臣矣假令郭李諸公處此必不如是畢尚書詩有云若教郭李從西幸肯捨强藩殺貴妃恰如意所欲出三十里興平縣尖興平故犬邱秦改廢邱漢置槐里舊治在今縣東南十一里已成平陴大道應向東南行二十五里過馬跑泉相傳唐太宗故蹟二十五里咸陽縣余因謁漢武帝茂陵迂道東北二十里至陵所規模與隋文帝陵同更覺高大乃知隋仿漢制也李夫人英陵一作英陵在西視武帝陵略卑小而分兩成上圓下方大將軍大司馬長平侯衛青墓票騎將軍冠軍侯霍去病墓均在其東又東爲大司馬大將軍博陸侯霍光墓去病墓尾有小土山名石子嶺即史傳所謂起

冢象祁連者也茂陵四周尚有界石皆距陵數百丈今耕種者已侵及陵趾余至省爲糧道曾懷清鉌觀察言之興平係其轄境屬爲清釐蓋武帝英君非尋常陵墓可比宜有樵蘇之禁懷清深以爲然由陵前折而東南行三里經古始平縣舊址今名斗馬村又二十三里與大道合二里咸陽縣宿咸陽秦所置縣以其在九嵕諸山之南渭水之北山水皆陽故日咸陽志曰咸陽故城有三一在今縣東三十里秦孝公所都一在今縣東北二十里苻秦咸陽郡也一在今縣東二十里唐縣城也今縣治係元時所置自鳳縣以來城池市鎮均無足觀直至興平咸陽始有富厚氣象是日大晴

五月十八日行余以文武成康之陵俱在縣北過此不一謁負所謂寶山空回因令行李先發余自策騎上北芒原原長二三百里亙武功興平咸陽至高陵止即咸陽北阪之别名周秦以來陵墓多在此原上行三十里至周成王陵下馬瞻謁陵西相並有一陵尤大漢元帝渭陵也成王陵北二里許偏東爲文王陵武王陵即在其後相離可三十丈共一牆垣武王陵制度極儉約又偏東半里爲齊太公墓尤卑小又東里許爲周公墓魯公伯禽墓在其後相離可十丈亦共一牆垣一一瞻謁各陵墓俱有饗堂惟渭陵無之其碑皆畢秋帆尚書所立也文王成王二陵柏樹勁古可愛自成王陵東南

望尙有三陵極高大想皆漢陵以時促不及訪康王陵亦未見仍至咸陽飯罷出城渡渭河夏水盛漲河面寬濶與江面同二里過豐橋灃水經其下入渭三里五里鋪二十五里三橋鎮二十里西安省城宿西安背河面山去終南祇八九十里山勢至此中斷過省會而東又高峯崛起矣是日晴夜月甚明

五月十九日住午間黄子壽彭年廉訪顧繼庭肇熙觀察來拜旋答拜至子壽處晚飯子壽於臬署新闢花圃爲堂顏曰蘇柳堂取司寇蘇公柳下惠爲士師之義以名也出觀王石谷廬山圖卷惲南田花卉山水册精妙絕倫是日晴晚雨

五月二十日佳作家書及致蹇子振書李菊圃用清方伯曾懷清觀察來拜旋答拜又至子壽處一談偕赴顧繼庭鹽道署晚飯觀王蓬心宸仿北苑瀟湘圖文衡山千巖競秀圖圖寬尺許長四尺蒼老中具一種秀潤之氣不覺滿紙烟雲此幅尤余所心賞衡山有跋謂閱三載而後成字作蠅頭小楷書時年八十又一眞絕品也是日晴晚雨尋止

五月二十一日佳拜葉冠卿伯英中丞中丞旋答拜坐談良久詢問西洋事甚悉至曾懷清糧道署晚飯園亭甚幽潔是日未申間大風雨夜小雨

五月二十二日佳晨出南門二里觀小雁塔又八里大雁塔

唐時題名處也今寺已頹壞惟塔倘存每鄉試之年仍循故事刻碑寺中褚書聖教序在大雁塔下嵌入壁內倘完好由大雁塔十五里至韋曲五里牛頭山新建杜公祠祠有石刻拾遺小像相傳得唐本摹寫者祠甚雅潔花木亦繁向南一面眼界絕開濶杜曲距此十二里以時促不能往游古稱韋杜去天尺五今雖無漢唐百一之盛而川原幽曠風景自佳再南則樊川逼近南山支麓矣是日陰小雨

五月二十三日往府學觀碑林唐石經三百餘石最偉觀其次則湻化閣帖餘皆唐宋以來石刻無漢碑在內顏書家廟碑多寶塔銘柳書玄祕塔銘歐書九成宮醴泉銘世所膾

炙者字跡皆具而爲捶拓者鐫剔失眞殊不足貴余擇尤別購數種石經則舊有者也過臥龍寺此爲西安省城寺院之最上者規模尚不及重慶華嚴經滿城而歸至臬署之直齋宿與子壽作竟夕譚是日陰雨

五月二十四日往答拜李菊圃方伯旋至河南會館子壽在此間餞別館有可園袁篠塢保恒學士所修以祝其母某太夫人八百齡　賜壽者也佳勝爲省垣冠歸檢料行李子壽菊圃旋來送行是日陰

五月二十五日行僱用轎車二輛由山西路送至保定每車價銀十七兩出東門十五里滻橋滻水入渭五里灞橋尖灞

水入渭其源即藍谷水本名滋水秦穆公更名以章霸功始
皇遣王翦至霸上沛公入咸陽還軍霸上即此唐人以霸橋
爲送別之所此一帶柳樹尚多過時烟雨空濛風景頗佳不
減唐人風雪中驢子背上十五里入臨潼界十五里臨潼縣
宿久雨道滑泥濘深二尺許五十里幾如八九十里行人馬
俱困縣城在驪山麓本古驪戎國秦爲驪邑山有溫泉距南
門祇數百步秦皇漢武砌石起宇代有修飾唐爲華淸宮故
基今置行臺於此有浴池四所其一在行臺內室東偏縣署
派人司之非貴客不得與余令守者啓門入浴水溫煖而其
味澹下有礦質故也是日陰雨

五月二十六日行循驪山之麓二十里新豐漢高祖爲太上皇起邑於此徙新豐人實之因名稍東里許爲鴻門坂項羽與沛公會處也舊有張良樊噲廟今無存求秦始皇墓不可見蜀輶日記謂山麓有大冢若阜者恐是意度言之二十里臨口尖入渭南界四十里渭南縣縣頗繁盛過石橋湭水經流入渭二十里入華州界五里赤水宿鎮之東西里許各有一橋大赤水小赤水所經人家多營竹器以華州產竹故太史公曰渭川千畝竹其人與封君等果足信邪是日晴

五月二十七日行二十五里華州州古咸林鄭桓公始封邑唐郭汾陽故里州經賊破城徙而南逼近山麓其舊城西關

外尙繁盛貿易者聚集於此二十里柳子鎭尖入華陰界三十里敷水鎭水出敷水谷或曰以女子秦羅敷得名其水甚淸北流入渭過此即見華山矣二十五里華陰縣五里華陰廟宿此三十里皆傍華嶽而行經東西北三面所見異形華嶽志云嶽頂中峯曰蓮花東曰仙人掌西曰巨靈足又云華山以蓮花落雁玉女三峯著名又稱二華亦稱五華其實山有八九峯細分之則無下數十峯皆峻拔雄秀爲秦嶺之冠遠望若蓮華山海經云太華之山削成而四方高五千仞廣十里可謂曲盡其妙至店即兩回首已失華山面目矣陶文毅以得見華山爲邀神貺若余之幸其遇不減陶公也是日

晴夜雨

五月二十八日行出門經華嶽廟但見碧瓦紅牆祠宇壯麗亂後新建惜泥淖太深不能入覘街市一條人家多倚進香者爲生活三十里入潼關廳界五里至潼關尖其地本古桃林塞自昔爲全秦門戶廳城背山臨河形勢扼要西界與華陰相連距城不及十里其轄境多在河南之盧氏閿鄉隔河有高原與關城後山對峙風陵口也稍上有沙堆云風后葬處或以爲女媧氏中條山橫亙其東北山西路狹轍道與陝西不同故輿夫至此必易車軸而後行尖後渡黃河河水正漲中流甚險登岸入永濟縣界有風陵司按史記淮陰侯傳

魏王盛兵蒲坂塞臨晉信乃益爲疑兵陳船欲渡臨晉而伏兵從夏陽以木罌缻渡軍襲安邑臨晉即今朝邑在潼關之上流今之臨晉漢解縣也夏陽更在上流今尚有夏陽渡渡河即緣中條山西行遥見華嶽兩峯雄矗霄漢始歎左思高掌遠蹠之語爲確十五里匼河舜所漁之雷澤或訛作科河北面即首陽山以其在首山之陽故稱首陽皆中條支麓非別起一山也上有伯夷叔齊墓天色已晚不及躬訪輿中式敬而已三十五里韓陽鎮宿是日晴

五月二十九日緣中條西北行其山中狹而長故亦稱薄山即禹貢之雷首又名首山春秋宣公二年傳趙宣子田於首

山即此十五里至蒲州府城距城里許即繞而東五里有高原與薄山相屬古蒲坂舜所都也秦晉戰於河曲亦即在此其下有坊題曰有虞帝都坂上有塔今名其地爲坡底十五里柳子鎮尖三十里白傅鎮十二里七級鎮晉境自光緒四五年以來迭遭奇荒人民死亡甚衆所過市集多殘敗不堪惟此鎮差完好入臨晉界二十里樊橋鎮宿古之解梁唐司空圖故里是日晴

五月三十日行二十里入猗氏界祁任鎮二十里游杜鎮尖春秋晉令狐邑秦始皇以猗頓居此致富改名十五里入安邑界十五里北相鎮鹽池在鎮南四十里周一百四十四里

水自凝結成鹽不勞人力盛於夏秋殺於冬春河東之大利
左傳所謂郇瑕氏之地沃饒而近鹽是也二十里將軍廟宿
禹故都在安邑北三十里夏縣界謂之夏王城此道所不經
未至北相鎮數里即古鳴條岡尚書大傳伊尹相湯伐桀戰
于鳴條孟子舜卒於鳴條故此亦有虞帝陵是日晴熱甚
六月初一日行二十里入夏縣界至水頭鎮過一橋涑水自
絳縣來經流入河橋頭有碑題宋太師司馬溫公故里二十
里入聞喜界至郭店鎮尖二十里聞喜縣縣在峩眉山之陰
地勢居要蓋自狐山特起與中條對峙峩眉繼之蜿蜒而東
至此始盡其東北有大山綿亘殆太岳矣聞喜即伊尹放大

甲之桐晉爲曲沃今之曲沃晉新田也漢武帝幸緱氏至此
聞南越破改名城頗繁盛而街道甚劣城外有裴趙祠祀唐
裴度宋趙鼎二公皆縣人唐宰相世系表裴氏五房十七相
尤爲衣冠之盛今裴氏子孫尚有居此者四十里東鎮宿東
疑董之轉音古董澤陂應在此是日晴熱甚
六月初二日行二十里隘口鎮入曲沃界過澮河橋澮水源
出絳翼之間下流入汾傳所謂有汾澮以蕩其惡也二十里
侯馬尖三十里高縣鎮鎮北頭有池池旁一柳樹倒生於岸
枝幹皆巨如桶橫臨水面離水二尺許蔭大畝餘亦奇品也
二十里蒙城驛宿此站多山路頗崎嶇將至蒙城深溝長十

餘里僅容一車兩壁土崖欲落同行車軸有敗壞者良久乃得出至店已昏黑矣中國官道如此深可嗟歎是日晴熱甚

六月初三日行出蒙城驛即入太平縣界過豫讓橋亦名國士橋又半里有文中子故里碑二十里史村鎮街道尚整齊有鹽運分局在此入襄陵縣界二十里趙曲鎮尖入臨汾界四十里平陽府宿平陽本堯所都以其地在平水之陽而名秦漢河東郡地曹參封邑魏置平陽郡劉淵建都於此隋改臨汾縣汾水在城西二里又有平水源出平山流至城西五里滙爲平湖西南至襄陵入汾平山即姑射山之支麓也莊子謂姑射神人膚肌若冰雪綽約如處子雖是寓言然山實

秀特志稱在府西五十里惜不及登覽堯廟在縣南門外十里又有堯陵在城東十餘里明嘉靖中置陵戶然此一帶堯陵甚多雖土人亦疑莫能定平陽四面阻山中有平原百數十里頗據形勢之勝氣象渾穆令人想見上古遺風是日晴

六月初四日沿汾水東岸行十里過一橋岳陽縣西之水合流經其下入汾大道二十五里應過天津鎮今因迂道繞越五十里至洪洞縣尖經城外過一橋澗水流其下水源出縣南洪崖一名洪洞嶺古楊侯國晉滅之以賜羊舌氏者也北關外有師曠故里叔向食邑碑九箕山雄峙東北二十里入趙城界過國士橋有坊曰豫讓遺跡蓋豫讓爲智伯報仇三

擊襄子不中其地非一故有兩國士橋上山有紀信祠已圮十里趙城縣趙始祖造父受封於此北關外有藺相如故里碑五里窰子店宿店皆磚砌窰洞形如城甕堅潔遠勝土窰院落亦寬廠是日晴

六月初五日行二十里入霍州界新治二十五里霍州尖本周之彘邑武王封霍叔於此故城在州西十六里漢爲彘縣霍山在東南一名霍太山南面即洪洞九箕山一山而二名禹貢之太岳岳陽也東峯最高者爲觀塠山跨洪洞趙城霍州靈石沁源數縣東北與綿山接州城外南北各有一橋彘汾二水所經三十里寺莊十五里老張灣宿亦窰洞自入開

原書闕

原書闕

介休至張蘭鎭經行村落間樹木葱蒨風景絕佳往余游歐羅巴見西人種樹之利甚博往往長林數十百里皆人力所爲此次經由秦晉具有深意實欲查看西北地土所宜耳以秦晉兩省之平衍不必廢田而種樹但能於各縣大道兩旁按照西人之法每距一丈種槐柳之屬一株及各家田土界畔亦用此法種樹爲界以時芟補不出十年材木便不可勝用豈如今日之赤地千里一無暍蔭哉三十五里平遙縣宿

平遙本漢京陵中都兩縣地城內多富戶房屋高大而頗冷落不及介休麓臺山在縣東南四十里一名蒙山半入祁縣王麓臺原祁其字與名皆取義於此是日晴夜月甚明

六月初八日行二十里洪善鋪十里入祁縣境二十里祁縣尖漢治在縣東南七里今曰故縣村亦曰祁城村又東南八里有祁城志以爲古祁氏邑祁奚墓當在此古昭餘祁藪在東今久湮元時鑿浚僅得細水溉田及浸隍間樹木而已三里善後村有溫嶠故里碑十二里賈令鋪虞叔少子賈伯所封其後曲沃武公滅之封狐射姑爲食邑謂之賈季十里堯城帝堯始居於此有堯廟七里入徐溝界十三里過橋至徐溝北關外宿是日晨雨旋大晴

六月初九日行十五里涉洞渦河入楡次縣界汾水自太原府北之管涔山西南流至縣境清源鄉洞渦水東北自壽陽

來會十五里永康鎮四十里王胡鎮尖距榆次五里過此行深溝中三十五里什貼鎮宿什貼俗訛作石鐵距太原省會八十五里是日陰晴晚小雨

六月初十日侵晨大雨如注尖後始行五里入壽陽縣界二十五里太安驛蜀輶日記云驛有石亭刻韓昌黎奉使諭王廷湊時所作絕句詩未及見由驛上坡多亂石二十里涉白馬河數次至清平鎮宿是日陰晚晴

六月十一日行二十里涉壽陽水至黃門鎮古狄那村也十里壽陽縣城雖小而完整山水平秀宜其多出文人壽陽春秋晉馬首邑魏獻子使韓固爲馬首大夫即此縣中婦女其

首皆挽盤龍髻他處則否豈古所謂壽陽妝邪千餘年來一縣自爲風氣亦異事也十五里黃土嶺尖俗名土西嶺崖傾岸剝中抽一綫水分東西流蜀輶日記以爲北幹過峽之所其言良是五里芹泉驛地有二泉一淸一濁源分而流匯東入平定州十里張淨鎭十里入平定州界新店村十里側石驛十里新興鎭宿自芹泉驛後涉水數十次道皆亂石礫砢車行其間震撼殊甚是日晴途遇喇嘛貢使

六月十二日行二十里平潭相傳舊城爲趙簡子所築十里義井五里上至南天門舊名嚇煞嶺其險處長可三里今皆用石修砌下坡五里平定州州城完整繁富大邑也春秋時

爲皁落氏戎所居漢爲上艾縣地州南有南川水東流合於桃水二十里西角鋪尖十里石門口十里橋頭鎭十里栢井驛由此上西天門三十里槐樹鋪宿此站所經多在河灘中行走登頓礀礫較昨尤甚昔魏武帝北征高幹賦苦寒行云北上太行山艱哉何巍巍羊腸坂詰屈車輪爲之摧蓋深畏此道之難也是日晴熱甚

六月十三日行七里故關山峽至此益形迫隘爲井陘要隘通志謂之井陘關唐長慶初裴度出故關討王庭湊即此今仍有關稽查往來行旅八里上北天門下坡五里入直隸井陘縣界有界碑十里核桃鋪二十里井陘縣尖南門外有綿

蔓水源出平定州經縣東二十里洪口橋入甘淘河孔頴達曰韓信出背水陳蓋在綿蔓水上又有微水亦入甘淘河又有七里潤在縣東北諸山谿之水在縣北者皆匯流於此入綿蔓河霖潦暴作行路皆廢然則連日所經深溝河灘皆此七里潤也二十里洪口十里微水鋪鋪距井陘口三十餘里井陘口今謂之土門史記淮陰侯傳未至井陘口三十里止舍其地正在此微水鋪一帶也十里經東天門六里上安村十里入獲鹿界十里土門亦名土門關四里獲鹿縣宿土門旁有抱犢山即淮陰侯使人持一赤幟從間道葦山而望趙軍之山也葦讀曰蔽後魏葛榮之亂百姓避之抱犢上山因

改名余此行四五千里所見古蹟未有如諸葛武侯及淮陰侯之多者自成都至五丈原凡二千數百里處處皆有諸葛忠武侯故蹟自棧道中之樊河陳倉口至井陘幾三千里亦往往有淮陰侯故蹟想見二公經畧中原定三秦徇燕趙功雖有成有不成而其偉畧英謨冠絕古今眞令人景仰不置四大天門自昔號爲奇險光緒中曾沅圃國荃宮保張香濤之洞制軍先後撫晉疏通鑿石漸成坦途賢者之所爲固自與衆殊異然井陘道類此險者尙多惜未徧及耳是日晴熱甚

六月十四日黎明大雨如注踰時止良久乃得行三十里趙

陵鋪鋪南二里許有漢趙佗祖墓因此得名入正定縣界五
里小營尖五里渡滹沱河即禮記之惡池周禮之虖池字異
音同源出山西繁峙縣泰戲山至天津入海直隸巨川也十
里正定府古鮮虞地戰國時之東垣邑漢爲眞定國後爲恒
山郡因避文帝諱改常山唐爲鎭州成德軍治往觀興隆寺
寺有銅觀音像高七丈三尺隋開皇中釋子澄空捨身所鑄
周世宗毁以鑄錢宋太祖仍復之旁立二侍者亦銅鑄高及
其肩康熙乾隆兩朝曾發帑金修葺今則正殿敗塌像皆露
空寺西爲行宫行宫之側有西人新建禮拜堂雖隔一牆位
置殊未妥協南門外有漢順平侯趙雲故里碑三十里拐角

鋪二十里伏城驛宿相傳伏羲生此得名是日晴夜月甚明

六月十五日行八里入新樂縣界二里涉一河三十五里渡新樂河即浩河也經新樂城外本漢成帝時中山孝王爲其母作樓閣於此名西樂後訛西作新北關外有羲皇聖里碑十三里入定州界有黃石公修道碑十二里明月店尖三十里定州古中山國都漢中山靖王國後燕慕容垂亦都此西門內有土阜相傳爲靖王墓城外有土阜三謂是靖王三子墓余經城西南所見土阜約十餘多似漢時陵墓制度疑皆靖王子孫不止三阜而已十五里涉滱水一名唐河十五里清風店宿是日晴熱甚

六月十六日行約二十五里途遇大雷雨頃刻平地成河五里入望都縣城稍憩城東南隅有大冢相傳以爲堯母陵十五里入滿城縣界十五里方順橋尖其河名順水又名祁水即古濡水十五里逕陽驛二十里大激店入清苑縣界二十五里保定府住蓮池書院與張廉卿親家暢談小女出見蓮池本行宮道光中奉　旨變價入官改爲書院今又分其半作通志局志已告成保定係直隸省會總督駐此自天津通商總督充北洋大臣常住天津每歲惟封河後還住數月耳是日晴熱甚

六月十七日住晴熱甚

六月十八日住晴未申間大雷雨遂終夕

六月十九日住仍雷雨

六月二十日住仍雷雨

六月二十一日住晴

六月二十二日早飯後出南門上船由淸苑河水路赴天津源短而小即順水下流也行一百三十里至安州城北關外二里許泊是日晴

六月二十三日行二十里新安縣有城郭而未置縣縣丞駐此由此經西淀即白洋淀三十里趙北口俗所稱十二連橋爲山東入都車馬大道又經東淀即柴禾淀五十里張青口

東西兩淀水皆清澈岸多蘆葦漁罾蟹斷點綴其間頗似江南風景四十里蘇橋鎮泊已二鼓矣是日晴

六月二十四日行四十里盛坊四十里楊伏江經三角淀即古雍奴水水經注云四面有水曰雍不流曰奴今多淤墊三十里楊柳青四十里天津府泊天津今爲通商碼頭上海之外推此爲最北洋大臣常駐此近年李傅相鴻章設立工程局仿用西法將街道修理坦平生意日盛其西人碼頭曰紫竹林距城十餘里上流水淺輪船不能駛入是日晴

六月二十五日登岸移住紫竹林中和客寓蕭雲庵先至已月餘矣是日晴

六月二十六日往謁李傅相并拜客數處是日晴

六月二十七日往僱車赴京是日晴夜雷雨河水驟增及丈

六月二十八日往雷雨至午始止李傅相與署津海關道劉獻甫汝翼燕法國公使恭司當及其夫人於海軍公所命余作陪在坐有前天津領事法人法蘭亭羅稷臣豐祿伍秩庸廷芳兩觀察聯春卿芳太守廕午樓昌監督皆西洋舊識也別有法領事及克魯所炮廠數人海軍公所創立四年其房皆西式外有花園足壯觀瞻席用中西合璧是日爲　萬壽聖節園內張燈佐以西樂主客盡歡乃罷是日晴

六月二十九日車夫以積潦太多車馬不能行走來告因改

由水路至通州上船已晚是日晴
七月初一日行由西沽二十五里北倉七十五里楊村泊是日陰晴
七月初二日行四十五里蔡村四十五里河西務泊是日陰晴
七月初三日行五十里香河縣（距城十里）四十里馬頭泊是日陰晴
七月初四日行六十里張家灣十八里泊運糧船隻甚衆或先或後殊多阻礙是日陰晴
七月初五日行十四里通州換單套車登陸經通州城二十

里三間房尖二十里東便門李苾園端棻宮詹已遣人在彼照料入城得免阻滯住西河沿斌魁店是日晴

七月初六日謁見會襲侯紀澤商酌銷差之法是日晴

七月初七日襲侯轉商政府諸公以爲使臣在洋丁憂向無成例可循又未便援期滿回京宮門請　安之例宜具呈聲明緣由總署據以請　旨爲是是日晴

七月初八日至總理各國事務衙門具呈是日晴

七月初十日奉　旨記名道黎庶昌著於十二日預備召見欽此是日晴

丁亥入都紀程卷下終